ael Watkins

90 jours pour réussir sa prise de poste

Traduit de l'anglais (États-Unis)
par Emily Borgeaud

Village Mondial

L'édition originale de cet ouvrage a été publiée aux États-Unis par Harvard Business School Press, sous le titre *The First 90 Days.*

Mise en pages : Istria

ISBN 2-7440-6226-X

À Dan

Avec gratitude pour notre collaboration et notre amitié.

M. W.

SOMMAIRE

PRÉFACE

Tant qu'il y aura des managers, il y aura des transitions. La relève de la garde et son cortège de défis sont aussi vieux que les sociétés humaines. La complexité des organisations modernes et la vitesse à laquelle tourne la planète économique n'ont certes pas simplifié ces défis. Alors, si vous vous sentez un peu dépassé par les événements à l'heure où vous poussez la porte de votre nouveau bureau... bienvenue au club ! Ce livre est fait pour vous.

Il sera votre guide sur le chemin semé d'embûches des trois premiers mois de votre prise de fonctions. Pourquoi l'emporter avec vous ? Parce qu'une transition est une période délicate et décisive au cours de laquelle d'infimes ajustements peuvent avoir un impact disproportionné sur les résultats que vous obtiendrez – ou n'obtiendrez pas. Pour tout nouveau responsable, les premiers mois d'une prise de poste sont synonymes de vulnérabilité. Le « nouvel élu », en effet, ne dispose encore que d'une vision approximative des défis qu'il aura à affronter et des moyens à mettre en œuvre pour en triompher ; il n'a pas non plus de réseau de relations constitué pour l'aider et le soutenir dans sa tâche. Faute de partir du bon pied et d'un bon pas, ce sont d'âpres batailles qui l'attendent tout au long de son mandat. Le succès d'un nouveau responsable dépend pour une large part de sa capacité à établir rapidement sa crédibilité et sa légitimité ; il lui faudra donc garnir sans tarder sa besace de ce que nous appelons de « petites victoires ».

Le modèle d'accélération du processus de transition présenté dans ce livre prolonge les travaux conduits avec Dan Ciampa lorsque nous avons écrit *Right from the Start* (Harvard Business School Press, 1999). J'ai très vite été amené à souhaiter, en effet, approfondir la réflexion alors engagée. J'étais convaincu que notre propos était susceptible d'intéresser un public plus large que les seuls dirigeants et pouvait s'adresser à des responsables de tous niveaux. Si les conseils réunis dans ce premier livre étaient, pour l'essentiel, de portée générale, il restait à établir une distinction entre les enjeux communs à toutes les transitions et ceux auxquels sont plus spécifiquement confrontés les cadres dirigeants. Je voulais créer un modèle qui puisse être utile à tous ceux qui vivent un changement de poste. Dans le même temps, je souhaitais approfondir certains aspects de la transition particulièrement importants à mon sens : travailler avec un nouveau supérieur, construire son équipe et mettre en adéquation la stratégie, la structure, les systèmes et les compétences de l'organisation.

Il me semblait également nécessaire d'explorer plus en détail la diversité des types de transitions afin d'aider les nouveaux responsables à mieux adapter leurs stratégies au contexte. Les choses seront par exemple très différentes selon que vous prenez la tête d'une nouvelle activité, que vous conduisez le redressement d'une entreprise ou que vous héritez d'une organisation où tout va bien. Qui plus est, les managers qui rejoignent une nouvelle entreprise ne sont pas confrontés aux mêmes défis que ceux qui sont promus de l'intérieur. Le choix de la stratégie de transition sera donc en partie fonction du contexte.

Enfin, je souhaitais explorer les implications organisationnelles d'une attention systématique au processus de transition. Extrêmement rares sont en effet les entreprises qui aident leurs précieux actifs de management durant ces phases pourtant critiques de leur carrière que sont les prises de poste. Pourquoi les entreprises laissent-elles leurs managers livrés à eux-mêmes ? Et, plus important, quels bénéfices retireraient-elles si leurs nouveaux managers étaient opérationnels plus vite ?

Pendant trois ans, j'ai exploré ces questions en étudiant des dizaines de transitions et en élaborant des outils pour aider les entreprises et leurs managers à réussir ces changements – et notamment un outil d'accompagnement en ligne pour les nouveaux managers. Le livre que vous tenez entre les mains est le fruit de ces travaux.

Si vous me lisez, c'est sans doute que vous venez de prendre de nouvelles fonctions ou que vous vous apprêtez à le faire. Vous trouverez dans ce livre des stratégies pour vous aider à maîtriser plus rapidement votre nouveau poste et à accomplir davantage, plus vite. Vous y apprendrez à établir un diagnostic de la situation dont vous héritez et à en identifier les contraintes et les opportunités, mais aussi à évaluer vos forces et vos faiblesses, et à mieux cerner vos éventuelles vulnérabilités relativement au contexte dans lequel vous avez à intervenir. Vous apprendrez à… apprendre sur votre nouvelle organisation et à définir plus rapidement vos priorités. Nous verrons également comment diagnostiquer et mettre en adéquation la stratégie, la structure, les systèmes et les compétences de votre nouvelle organisation. Plus important peut-être, vous trouverez dans les pages qui suivent des conseils sur cette dimension fondamentale de la transition qu'est la gestion des relations : comment exercer votre influence en constituant des équipes, en créant des coalitions et en recrutant un réseau d'alliés et de conseillers.

Utilisez ce livre comme un guide pour élaborer le plan de vos 90 premiers jours. Et vous verrez que vous trouverez votre vitesse de croisière, et aiderez les autres à faire de même, bien plus rapidement que vous ne l'auriez cru possible.

MICHAEL WATKINS

BOSTON

Introduction

LES 90 PREMIERS JOURS

Le président de la République a 100 jours pour faire ses preuves ; vous disposez de 90 jours pour convaincre. En d'autres termes, votre réussite dans vos nouvelles fonctions dépend pour une large part des décisions et des actions que vous engagez au cours de ces trois premiers mois. Les transitions sont des périodes d'opportunités, la chance de prendre un nouveau départ et d'apporter à une organisation les changements qu'elle réclame. Mais ce sont également des périodes de grande vulnérabilité parce que vous ne disposez ni de réseau de relations constitué ni d'une connaissance fine de votre nouveau rôle. Si vous laissez passer cette chance de donner le ton, d'engager l'organisation sur la bonne voie, votre parcours sera jalonné de dures batailles.

Soyons francs : vous risquez gros. Un échec dans un nouveau poste peut sonner le glas d'une carrière prometteuse. Pourtant, réussir une transition ne se résume pas à éviter l'échec. Certains managers trébuchent (et l'on observe alors que leurs difficultés prennent presque toujours leur source dans un engrenage fatal qui s'est mis en place au cours des tout premiers mois de leur prise de fonctions). Mais pour tout manager qui échoue, beaucoup d'autres survivent sans pour autant réaliser leur plein potentiel. Ils passent à côté d'opportunités de carrière et mettent en danger la santé de leur entreprise.

Ce livre, dès lors, traite tout autant de l'accélération du processus de transition que de la prévention de l'échec. Il propose un modèle pour réduire de manière significative le temps qu'il vous faudra pour maîtriser vos nouvelles fonctions, à quelque échelon de l'entreprise que vous vous situiez. Plus tôt vous serez à l'aise dans vos nouveaux habits, plus vous aurez de temps à consacrer aux vrais problèmes et aux perspectives que vous offre votre nouvelle organisation. Votre objectif, en effet, doit être de parvenir le plus rapidement possible au seuil de rentabilité, point à partir duquel vous êtes un « apporteur » net de valeur pour votre entreprise. Chaque minute économisée sur votre temps d'adaptation est une minute gagnée pour développer l'entreprise et ses activités.

Étant donné les enjeux que recouvre une transition tant pour le « nouvel élu » que pour l'entreprise, on ne peut que s'étonner du faible nombre d'ouvrages de qualité qui s'offrent au manager pour l'aider dans sa tâche. Si les livres et les articles consacrés au management sont pléthore, relativement peu nombreux sont ceux qui abordent cette phase pourtant critique qu'est la prise de poste[1]. De la même manière, d'excellents travaux ont été consacrés à la gestion du changement, mais la plupart postulent implicitement que l'agent du changement est déjà bien en place dans l'organisation, fort du savoir et des relations nécessaires pour planifier son projet, trouver des alliés et conduire des initiatives de transformation.

La réalité est un peu différente : le processus de conduite du changement va souvent de pair avec la transition d'un manager vers de nouvelles fonctions. L'ambition de ce livre est de combler un vide dans la littérature consacrée au management. Il propose une démarche éprouvée pour répondre aux défis concomitants de la transition individuelle et de la transformation organisationnelle qui se posent aux managers au cours des premiers mois de leur prise de fonctions.

Transition : les cinq propositions fondamentales

À travers l'observation de nouveaux managers en situation et l'expérimentation de méthodes pour accélérer les transitions, j'ai acquis un certain nombre de convictions sur les défis de la prise de poste et sur ce que le nouveau responsable peut faire pour en triompher. Ces convictions, résumées en cinq propositions, sont le fondement de mon approche de l'accélération de la transition – et de ce livre.

Le seuil de rentabilité

Le seuil de rentabilité, ou point mort, désigne le point auquel les nouveaux managers ont apporté autant de valeur à leur entreprise qu'ils en ont consommé. Comme le montre la Figure I.1, les nouveaux managers sont d'abord des consommateurs nets de valeur ; à mesure qu'ils apprennent et commencent à agir, ils deviennent des créateurs de valeur. À partir du seuil de rentabilité, ils sont (c'est du moins ce que l'on espère) des apporteurs nets de valeur pour leur entreprise. Il a été demandé à 210 PDG et présidents de sociétés d'estimer le temps minimum nécessaire à un cadre moyen de leur entreprise pour atteindre le seuil de rentabilité ; la moyenne de leurs réponses se situe à 6,2 mois[2]. L'objectif de l'accélération de la transition est d'aider les nouveaux managers à atteindre plus rapidement le seuil de rentabilité – avec les bénéfices que l'on imagine pour l'entreprise.

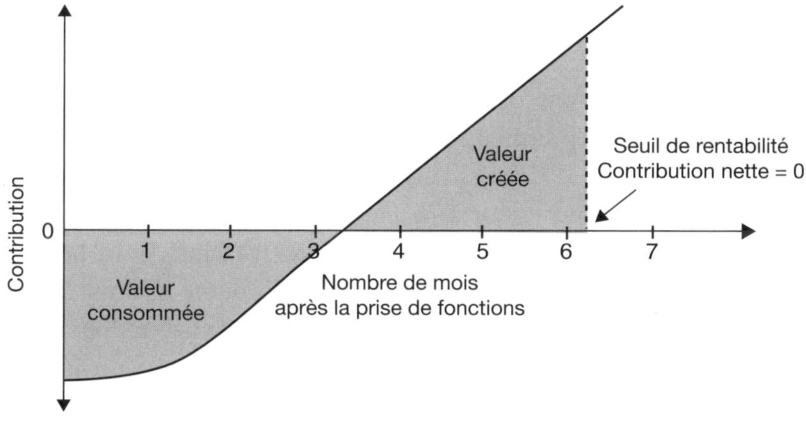

Figure I.1 : Le seuil de rentabilité

Première proposition : les causes premières de l'échec d'une transition résident toujours dans une interaction pernicieuse entre la situation – avec ses opportunités et ses pièges – et l'individu – avec ses forces et ses faiblesses.

L'échec n'est jamais réductible aux seuls défauts ou faux-pas du nouveau responsable. Tous les managers en situation d'échec que j'ai eu l'occasion d'étudier avaient même de brillants succès à leur actif. Il n'est pas non plus réductible à une situation supposée sans issue, dont même un superleader n'aurait pu sortir victorieux. Les situations auxquelles sont confrontés les responsables qui trébuchent ne sont ni plus complexes ni plus épineuses que celles dont d'autres triomphent brillamment. Lorsqu'un nouveau manager échoue, c'est parce qu'il a mal évalué ce qu'exige réellement le contexte ou parce qu'il ne possède pas les compétences d'adaptation nécessaires.

Deuxième proposition : il existe des méthodes systématiques que les leaders peuvent utiliser pour limiter le risque d'échec et atteindre plus rapidement le seuil de rentabilité.

Au tout début de mes recherches pour élaborer un modèle d'accélération des transitions, un manager expérimenté m'a dit : « Vous n'y arriverez jamais. » Lorsque je lui ai demandé pourquoi, il m'a répondu : « Chaque transition est unique. » C'est vrai, naturellement. Mais c'est aussi trompeur. La singularité de chaque prise de fonctions s'incarne certes dans ses détails. Cependant, on peut identifier des types de transitions qui présentent des caractéristiques communes, à commencer par les pièges qu'elles tendent au manager. Imaginons qu'un vice-président fonctionnel devienne directeur général. Tout dirigeant qui accomplit ce grand saut rencontre des défis similaires, au premier rang desquels la nécessité de ne plus envisager les choses sous le seul angle de son expertise fonctionnelle. (La transition de superviseur à manager de managers représente un défi similaire à un échelon inférieur[3]). Si les situations dont héritent les nouveaux managers varient elles aussi, on observe néanmoins que certains types de contextes (démarrage d'une activité, redressement d'une unité) présentent des caractéristiques et des impératifs communs. Par ailleurs, la réussite d'une prise de fonctions repose sur certains principes fondamentaux – s'assurer rapidement de petites victoires, par exemple –, que l'on soit un nouveau chef d'équipe ou un nouveau PDG. Le secret, dès lors, est d'adapter votre stratégie à la situation, d'harmoniser la stratégie et le contexte. Il s'agit là d'un thème central sur lequel nous reviendrons tout au long du livre.

Troisième proposition : en situation de transition, l'objectif primordial est d'enclencher une dynamique en créant des cercles vertueux qui établissent la crédibilité du manager et en se gardant des cercles vicieux qui pourraient la mettre à mal.

Le management est affaire d'influence. Aussi talentueux soit-il, le nouveau manager n'est après tout qu'un individu seul. Pour réussir, il devra mobiliser l'énergie de beaucoup d'autres au sein de son organisation. Sa vision, son expertise, son enthousiasme, peuvent servir de « cristal d'amorçage », un cristal qui se développera de manière exponentielle en de nouveaux modèles de comportements plus fructueux. Trop souvent, cependant, le nouveau manager tient davantage du virus : ses actions du début lui aliènent des supporters potentiels, sapent sa crédibilité et stimulent des réactions défensives. Un cercle vicieux se met en place et le système immunitaire de l'organisation est activé ; le nouveau manager est attaqué par des cellules tueuses, immobilisé et finalement expulsé.

Quatrième proposition : les transitions sont des expériences très formatrices pour les managers et doivent être gérées en conséquence.

Précisément parce qu'elles renforcent les compétences de diagnostic de l'individu, exigent développement et adaptation et mettent à l'épreuve sa force de caractère, les transitions constituent une expérience de développement indispensable pour les managers à haut potentiel de toute entreprise. Dans le cadre de son étude « War of Talent », le cabinet McKinsey a demandé à un échantillon de 200 dirigeants de citer les cinq expériences les plus formatrices de leur carrière[4]. Les réponses les plus citées mentionnaient toutes des transitions de leadership :

- nouveau poste avec des responsabilités étendues ;
- redressement d'une activité ;
- lancement d'une nouvelle activité ;
- grand projet de haut niveau ;
- mutation à l'étranger.

Contrairement à ce que l'on observe trop souvent dans les entreprises, la prise de poste ne saurait se réduire à un plongeon dans l'inconnu ; il ne s'agit pas de jeter les individus de talent à l'eau et de les laisser se débrouiller... au risque de les voir se noyer. Tout comme la natation, la transition est un savoir-faire que l'on peut apprendre et qui doit être enseigné à ceux et celles qui en vivent.

Cinquième proposition : l'adoption d'un cadre standard pour piloter le processus de transition peut être source de bénéfices importants pour l'organisation.

Chaque année, plus d'un demi-million de managers prennent de nouvelles fonctions dans les seules entreprises du classement *Fortune*[5]. Étant donné la fréquence à laquelle les individus changent de poste et l'impact de chaque transition sur les autres membres de l'organisation, chacun gagnerait énormément à ce que tout le monde (supérieur, collègues, subordonnés) parle le même langage. C'est-à-dire puise dans un ensemble commun de principes et de méthodes pour apprendre à bâtir une relation durable avec son supérieur, découvrir une nouvelle organisation, s'assurer des victoires précoces ou encore constituer des coalitions – tous éléments indispensables à la transition, dont la maîtrise se traduit en résultats sonnants et trébuchants pour l'organisation.

Accélérer les organisations

Cette cinquième proposition mérite qu'on s'y attarde. En lisant ce qui suit, ne pensez pas seulement aux implications pour vous-même, demandez-vous aussi ce que cela peut signifier pour votre organisation.

Chaque année, un peu moins d'un quart des managers d'une entreprise-type du classement *Fortune* est appelé à de nouvelles fonctions[6]. Cela signifie que les managers passent en moyenne quatre ans à un poste donné. Ce temps est un peu plus court pour les leaders à haut potentiel dans les échelons moyen et supérieur : leur « ère » dure en moyenne deux ans et demi à trois ans. Leur carrière consiste le plus souvent en plusieurs « ères », ponctuées de périodes de transition de quelques mois. Les décisions prises et les actions engagées au cours de ces quelques mois conditionnent ce qui va suivre et influencent fortement leur performance globale.

Pour faire progresser leurs meilleurs collaborateurs, les entreprises doivent les faire évoluer au sein de l'organisation, en leur confiant des responsabilités de plus en plus importantes. Faute de quoi elles s'exposent à les voir prendre le chemin de la concurrence. Mais cette migration permanente a un coût. Il faut un certain temps à chaque nouveau manager pour atteindre le seuil de rentabilité. Or, le rythme de la planète des affaires est devenu tel que l'on consent de moins en moins de temps au nouveau responsable pour s'acclimater et que les « erreurs de jeunesse » sont elles aussi de moins en moins tolérées.

En outre, pour chaque individu qui change de poste, beaucoup d'autres – supérieurs, subordonnés, collègues – voient leurs performances affectées de manière négative. Dans le cadre d'une étude, j'ai demandé à des présidents de sociétés à combien ils estimaient le nombre de collaborateurs dont les performances sont sérieusement compromises par l'arrivée d'un nouveau cadre supérieur. La moyenne de leurs réponses est de 12,4 personnes[7]. D'une certaine manière, tous les collaborateurs situés dans la « zone d'impact » du nouveau leader sont eux aussi en transition.

Un autre défi consiste à recruter à l'extérieur des individus de talent pour leur confier de nouvelles fonctions. Même les organisations en bonne santé doivent y avoir recours pour préserver leur vitalité. Reste que le taux d'échec des recrutements externes de managers est élevé. Des études indiquent que plus de 40 à 50 % des dirigeants ainsi recrutés n'obtiennent pas les résultats attendus[8]. Les coûts directs et indirects pour l'entreprise de l'échec du recrutement d'un dirigeant sont estimés à 2,7 millions de dollars.[9]

Lorsqu'on les interroge à ce sujet, les professionnels des ressources humaines déclarent que le défi de l'intégration est « plus difficile » que celui de la promotion interne[10]. Le taux élevé d'échec des recrutements externes s'explique à leur sens par différents obstacles à la conduite d'une transition réussie :

- Les cadres recrutés à l'extérieur sont moins familiers de la structure de l'organisation et de ses réseaux informels d'information et de communication.
- Ils ne connaissent pas la culture de l'entreprise et ont par conséquent plus de difficultés à s'intégrer.
- Les nouveaux collaborateurs ne sont pas connus de l'organisation et ne bénéficient donc pas de la même crédibilité qu'un collaborateur sorti des rangs de l'entreprise.
- Du fait d'une longue tradition de promotion interne, les organisations ont du mal à s'adapter aux dirigeants recrutés en externe, qui sont considérés comme des étrangers.

Lorsqu'un nouveau manager échoue, c'est un camouflet sévère pour l'individu, qui sonnera même parfois le glas de sa carrière. Mais tout échec – qu'il s'agisse d'un échec total ou d'un manque de résultats – est également coûteux pour l'organisation. Dès lors, l'accélération de la transition de tous les managers – à tous les échelons et qu'ils soient recrutés en interne ou en externe – pourrait représenter un formidable gain de performances pour l'organisation.

Rares, pourtant, sont les entreprises qui se préoccupent d'accompagner leurs managers. Lorsque je conduis des programmes de formation à l'accélération de la transition, je demande aux participants d'inscrire sur une feuille le nombre de changements de poste qu'ils ont connus et combien ils pensent en vivre encore jusqu'à la fin de leur carrière. Dans un groupe de 30 personnes, le total obtenu dépasse fréquemment les 150 transitions ! Ensuite, je leur demande combien d'entre eux ont reçu une formation ou un accompagnement de la part de leur entreprise dans ce domaine et la réponse est généralement « Aucun »...

Tous ces individus de talent ont dû développer leurs propres modèles pour gérer leurs changements de poste et leur entrée dans de nouvelles fonctions. Ce sont des connaissances conquises de haute lutte, et ne pas les partager représente une grosse perte pour l'organisation. Ce précieux réservoir d'expériences est rarement converti en apprentissage organisationnel. Sans compter que chacun « bricole » plus ou moins sa propre approche de la prise de fonctions, approche qui n'est pas nécessairement généralisable à d'autres contextes, progression dans la hiérarchie ou changement d'entreprise notamment.

Un cadre commun d'accélération du processus de transition peut par conséquent être considéré comme un actif organisationnel. Outre la réduction des coûts de changement, une approche commune de la gestion des transitions vous aidera à identifier et à conserver les meilleurs talents. On ne repère pas de futurs champions de natation en jetant des enfants non préparés dans la piscine ; on leur apprend à nager, on les entraîne, et ensuite seulement on les juge sur leurs résultats. L'accélération de la transition, elle aussi, est une compétence qui peut être apprise. On ne peut accepter que les nouveaux managers réussissent au seul motif qu'ils ont des mentors qui sont de bons professeurs de natation ou parce qu'on les met dans des situations qui se trouvent correspondre à leurs compétences. Pas plus que des individus prometteurs ne doivent échouer au motif qu'ils ne disposent pas de ces avantages. Si vous voulez créer une véritable méritocratie managériale, il est indispensable de mettre tout le monde sur un pied d'égalité pendant les transitions.

Stratégies gagnantes pour nouveaux managers

Pourquoi les avis éclairés sur l'accélération de la transition sont-ils si rares ? En partie parce qu'il existe de nombreux types de transitions ; il ne suffit donc pas de proposer des règles générales ou une recette unique. Pour illustrer notre propos, examinons les binômes de situations de transition suivants. Pour chacun des cas cités, en quoi consisterait une transition « réussie » ? Et quels impératifs respecter pour conduire efficacement le processus ?

- promotion à un poste plus élevé dans le domaine du marketing *vs* passer du marketing au poste de directeur général d'une *business unit* ;
- prendre un nouveau poste dans l'entreprise où vous travaillez *vs* rejoindre une nouvelle entreprise ;
- passer d'un poste opérationnel à un poste fonctionnel *vs* passer d'un poste fonctionnel à un poste opérationnel ;
- prendre la direction d'un groupe confronté à de graves difficultés *vs* prendre la direction d'un groupe très performant.

Le but de ce petit exercice ? Montrer que les défis de l'accélération de la transition varient en fonction de facteurs contextuels. La donne change du tout au tout selon que vous vivez un passage clé de votre carrière dans l'organisation, que vous êtes recruté en interne ou à l'extérieur, que vous disposez d'une autorité officielle ou que vous prenez la direction d'un groupe en bonne ou en mauvaise santé[11]. Il est donc essentiel d'adapter votre stratégie à la situation.

Tout conseil pratique doit être élaboré sur mesure pour le contexte, le niveau hiérarchique du nouveau manager, son expérience de l'entreprise et la nature de celle-ci. Tel est l'objectif premier de ce livre : apporter aux nouveaux managers des cadres d'analyse leur permettant d'établir le diagnostic de leur situation et de développer un plan individualisé d'accélération de la transition.

Considérons par exemple le défi qu'affronte le nouveau responsable lorsqu'il souhaite évaluer la situation de sa nouvelle organisation. Comment en caractérise-t-il les défis et les opportunités ? Comment parvient-il à un consensus avec son nouveau supérieur et ses nouveaux subordonnés quant aux actions qui doivent être conduites ? Sans cadre d'analyse adapté, c'est un travail de titan, avec tous les risques que cela comporte de malentendus et de blocages avec les subordonnés et les supérieurs quant à ce qu'il convient de faire. En admettant que le nouveau manager parvienne à recueillir l'adhésion nécessaire, il est probable qu'il y aura consacré beaucoup de temps et d'énergie, passant peut-être du même coup à côté d'opportunités importantes ou de bombes à retardement qui lui exploseront plus tard au visage.

Imaginons à présent que le nouveau manager soit incité dès le début de son entrée en fonction à déterminer si, dans son nouveau poste, il est confronté à une situation de lancement (*start-up*), de redressement (*turnaround*), de redéfinition (*realignment*) ou de pérennisation (*sustaining success*). Supposons également qu'il dispose d'une description précise des défis et des opportunités caractéristiques de ces situations et de directives concrètes pour établir les priorités de chacune. En quoi les choses seraient-elles différentes pour lui et pour l'organisation ?

Cet outil de diagnostic, le modèle ST$_{A}$RS, pour « Start-up, Turnaround, Realignment, Sustaining success », est présenté en détail dans le Chapitre 3. Il permet au manager de conduire rapidement le diagnostic de sa nouvelle organisation et le développement de plans d'actions efficaces, tout en favorisant l'émergence d'une vision commune de la situation avec ces autres acteurs clés que sont son supérieur et ses subordonnés. Qu'il prenne la direction d'une entreprise ou qu'il pilote un projet à court terme, le nouveau manager peut utiliser cet outil pour accélérer la transition.

Alors… armez-vous de courage. Les défis et les opportunités associés aux différents types de transition présentent des similitudes structurelles. Le secret pour réussir est d'en conduire un diagnostic approfondi puis d'adapter certains principes généraux aux exigences de la situation rencontrée.

Plan du livre

Le livre vous propose une feuille de route pour créer votre propre plan d'optimisation des 90 premiers jours. Les grandes étapes de la feuille de route correspondent aux dix défis clés de la transition.

1. Franchissez le cap

Osez votre nouveau rôle. Il s'agit de vous affranchir mentalement de votre précédent poste et de vous préparer à vous glisser dans le nouveau. Le plus grand piège peut-être qui vous guette est de supposer que les clés de vos succès d'hier sont celles de vos réussites futures. Reproduire les recettes que vous maîtrisez, travailler comme un fou pour les mettre en œuvre est une voie dont vous ne devez pas mésestimer les dangers.

2. Hâtez-vous d'apprendre

Vous devez gravir la courbe d'apprentissage aussi vite que possible dans votre nouvelle organisation : comprendre ses marchés, ses produits, ses technologies, ses systèmes et ses structures, ainsi que sa culture et ses réseaux d'influence. Si l'on n'y prend garde, se familiariser avec une nouvelle organisation peut dégénérer en cauchemar informationnel, tant il vous semblera que vous aurez à apprendre et tant les sources auxquelles vous nourrir vous paraîtront nombreuses. Pour ne pas perdre pied, vous devrez faire preuve de méthode et de rigueur : que dois-je apprendre et comment ?

3. Adaptez votre stratégie au contexte

Il n'y a pas de recette universelle pour réussir une prise de fonctions. Vous devez établir un diagnostic précis de la situation de l'entreprise et en clarifier les défis et les opportunités. Par exemple, les lancements – d'un nouveau produit, d'un nouveau processus, d'une nouvelle usine ou d'une nouvelle activité – ont en commun des défis très différents de ceux que vous rencontreriez si vous aviez à conduire le redressement d'un produit, d'un process ou d'une usine en difficulté. Un diagnostic précis de la situation est un préalable indispensable au développement de votre plan d'action.

4. Obtenez rapidement de petites victoires

Elles établissent votre crédibilité et enclenchent une dynamique. Elles créent des cercles vertueux et disent à chacun que des choses positives sont en train de se produire. Il est donc important que dès les premières semaines vous soyez à l'affût de tout – opportunités, initiatives… – ce qui peut vous aider à asseoir votre crédibilité en tant que nouveau manager. Au cours des 90 premiers jours, il vous faudra identifier des façons de créer de la valeur, d'améliorer les résultats de l'entreprise et d'atteindre plus rapidement le seuil de rentabilité.

5. Négociez votre réussite

Parce qu'aucune relation n'est plus importante, vous devez poser le plus rapidement possible les bases d'une collaboration fructueuse avec votre supérieur. Cela suppose de planifier ce que nous appelons les « cinq conversations » : des discussions que vous devez absolument avoir avec lui (ou elle) concernant la situation, ce que l'on attend de vous, votre style de management, les ressources et le potentiel de votre nouveau poste en termes de développement personnel. Mais surtout, cela signifie élaborer votre « plan des 90 premiers jours » et obtenir l'adhésion de votre supérieur.

6. Harmonisez

Plus le poste que vous occupez est élevé, plus votre rôle s'apparente à celui d'un architecte organisationnel. Il vous appartient de déterminer si la stratégie de l'entreprise est valable, d'aligner sa structure sur sa stratégie et de développer les systèmes et les bases de compétences qui permettront de réaliser l'intention stratégique.

7. Constituez votre équipe

Si vous héritez d'une équipe, vous devrez en évaluer les membres et peut-être la restructurer pour mieux répondre aux exigences de la situation. Votre détermination à prendre rapidement des décisions difficiles et votre capacité à mettre les bons collaborateurs aux bons postes sont parmi les moteurs de réussite les plus importants au cours de votre transition. Vous devrez être à la fois méthodique et stratégique dans votre façon d'aborder le défi du *team-building*.

8. Créez des coalitions

Votre réussite dépendra de votre capacité à influencer des personnes qui ne relèvent pas de votre sphère immédiate de responsabilités. Vous devrez donc vous attacher à identifier le plus rapidement possible, en interne comme en externe, celles et ceux dont le soutien est indispensable à votre réussite, et à trouver le moyen de les rallier à votre cause.

9. Gardez la tête froide

Les transitions sont des périodes tumultueuses, tant du point de vue professionnel que sur le plan personnel. Préserver votre équilibre et votre capacité de jugement exigera une vigilance de tous les instants. Le risque de ne plus faire la part des choses, de se retrouver isolé et de prendre de mauvaises décisions est omniprésent durant une transition. Vous pouvez faire beaucoup pour accélérer votre transition personnelle et mieux maîtriser votre environnement de travail. Un réseau d'alliés et de conseillers est une ressource indispensable.

10. Tous ensemble, plus vite

Enfin, vous devez aider les membres de votre organisation – supérieurs, subordonnés, collègues – à accélérer leur propre transition. Plus vite vos nouveaux subordonnés prendront leurs nouvelles marques, plus vous aurez de latitude pour atteindre vos objectifs. En outre, les bénéfices d'une accélération systématique de la transition de chacun sont potentiellement considérables pour l'organisation.

Si vous triomphez de ces défis clés, vous réussirez votre prise de fonctions. Mais sachez également qu'en abandonner un seul en chemin peut suffire à entraver toute votre action.

Vous trouverez dans les pages qui suivent des conseils pratiques et des outils pour vous aider à surmonter chacun de ces défis. Vous allez apprendre à établir un diagnostic de la situation et à créer des plans d'actions adaptés à vos besoins, quels que soient votre position dans l'organisation ou le contexte auquel vous êtes confronté. Ce faisant, vous élaborerez un plan des 90 premiers jours qui vous permettra de maîtriser plus rapidement vos nouvelles fonctions.

Ce livre s'adresse à tous les managers, du manager novice au PDG. Les principes fondamentaux d'une transition efficace valent peu ou prou pour tous les niveaux hiérarchiques. En revanche, les détails du « qui, quoi, quand, comment » et le poids relatif des dix défis varient considérablement. C'est ainsi que l'alignement de l'architecture de l'organisation, la construction de l'équipe et la création de coalitions sont des enjeux particulièrement importants à des postes de direction générale, alors que les cadres moyens devront davantage faire porter leurs efforts sur la relation avec leur nouveau supérieur et la constitution d'un réseau d'alliés et de conseillers. Tout nouveau manager a besoin de se familiariser rapidement avec sa nouvelle organisation, de s'assurer des victoires rapides et de construire des coalitions de soutien. Ce que nous vous proposons donc dans ce livre, ce sont une grille d'analyse et un cadre de travail qui vous permettront de traduire des principes généraux en plans d'actions adaptés à *votre* situation.

Chapitre 1

FRANCHISSEZ LE CAP

Après huit ans passés dans le service marketing d'une société de produits électroniques basée au Texas, Julia Gould a été promue pour la première fois à un poste de directeur de projet. Jusque-là, sa carrière avait été exemplaire. Son intelligence, son engagement et sa détermination lui avaient valu la reconnaissance de ses supérieurs et des promotions rapides à des postes de responsabilités. L'entreprise voyait en elle une de ses étoiles montantes et sa voie vers des fonctions de dirigeant semblait toute tracée.

L'entreprise lui confia donc la responsabilité du lancement d'un de ses nouveaux produits les plus prometteurs. Julia était chargée de coordonner le travail d'une équipe pluridisciplinaire composée de représentants du marketing, des ventes, de la R&D et de la fabrication. Sa mission : conduire le produit de la phase de développement au stade de production, superviser une montée en puissance rapide et piloter l'introduction du produit sur le marché.

Mais Julia ne tarda pas à rencontrer des problèmes. Son brillant parcours au sein du service marketing devait tout à l'attention extraordinaire qu'elle portait aux détails. Habituée à diriger avec autorité et à prendre elle-même les décisions, elle avait tendance à vouloir tout contrôler. Elle fit de même dans ses nouvelles fonctions et, dans un premier temps, les membres de l'équipe projet la laissèrent faire sans rien dire. Mais la lune de miel fut de courte durée : bientôt, deux membres clés de l'équipe remirent en question ses connaissances et son autorité. Piquée au vif, elle consacra toute son attention au domaine qu'elle connaissait le mieux : les aspects marketing du lancement du produit. Las ! Sa volonté de s'immiscer dans le travail des membres marketing de l'équipe ne tarda pas à lui aliéner à leur tour ces collaborateurs. Un mois et demi plus tard, Julia était de retour dans son ancien service et la direction du projet avait été confiée à quelqu'un d'autre.

Julia Gould a échoué parce qu'elle n'a pas été capable de franchir le fossé qui sépare un bon collaborateur fonctionnel d'un responsable d'équipe transfonctionnelle. Elle n'a pas compris que les points forts qui lui avaient permis de réussir au marketing pouvaient devenir des handicaps à un poste qui lui imposait de diriger une équipe sans autorité hiérarchique directe sur ses membres et sans non plus posséder d'expertise supérieure à la leur. Elle a continué à faire ce qu'elle savait faire, y puisant confiance en elle-même et le sentiment de contrôler les choses. Au final, naturellement, c'est tout l'inverse qui s'est produit. En s'accrochant au passé et en ne percevant pas les enjeux réels de ses nouvelles fonctions, Julia a gâché une précieuse opportunité de progresser dans sa carrière.

Qu'aurait-il fallu pour que Julia Gould réussisse ? Elle aurait dû commencer par prendre la mesure de son nouveau poste, se glisser mentalement dans ses nouvelles responsabilités. Franchir le cap de son nouveau poste est un défi fondamental pour tout nouveau manager. Cela exige de s'affranchir du passé et de faire siens les impératifs de la nouvelle situation. Ce n'est pas une tâche facile mais il est essentiel que vous vous y pliiez. Trop souvent, des managers prometteurs sont distingués par des promotions mais échouent à se promouvoir eux-mêmes dans leur nouveau rôle faute d'entreprendre le changement de perspective nécessaire.

Une erreur du même ordre consiste à croire que vous réussirez dans vos nouvelles fonctions en continuant à faire ce que vous faisiez à votre ancien poste, mais à un rythme plus soutenu. « On m'a confié ce poste du fait de mes compétences et de mon parcours, se dit souvent le manager. C'est donc ce qu'on doit attendre de moi ici aussi. » Ce raisonnement est destructeur parce que faire ce que vous savez faire et éviter le reste peut vous donner l'illusion que tout va bien, au moins pendant un temps. En fait, le nouveau responsable est alors dans une forme de déni, convaincu que parce qu'il est productif et efficace, il est performant. Une illusion à laquelle on peut croire jusqu'à ce que les murs s'effondrent autour de soi.

Personne n'est à l'abri de ce piège, pas même les dirigeants expérimentés. Prenons l'exemple de Douglas Ivester, chez Coca-Cola. Douglas Ivester a été nommé PDG de Coca-Cola en 1997, après le décès brutal de son prédécesseur, le très respecté Roberto Goizueta, qui était à la tête du groupe depuis 1981[1]. En 1999, après une série de faux pas qui entama la confiance du conseil d'administration de Coca, Ivester démissionna.

Aux yeux des observateurs extérieurs, Ivester avait été le candidat idéal. « Le vrai défi pour Coca-Cola, lisait-on ainsi sous la plume d'un analyste du cabinet PaineWebber, est de ne pas devenir victime de son propre succès. Et je pense qu'avec les dirigeants actuels, au premier rang desquels Doug Ivester, la complaisance n'est pas à l'ordre du jour[2]. » De son côté, le magazine *Fortune* voyait en Ivester le « prototype du dirigeant du 21e siècle[3] ».

Comptable de formation, D. Ivester avait passé près de vingt ans chez Coca-Cola, gravissant les échelons les uns après les autres jusqu'à devenir le DG du groupe et le bras droit de Roberto Goizueta. Nommé directeur financier en 1985, à l'âge de 37 ans, Ivester n'avait pas tardé à se faire un nom en orchestrant le *spin-off* réussi des activités d'embouteillage du groupe, Coca-Cola Enterprises. Sa nomination au poste de président Europe, son premier poste opérationnel, fut également couronnée de succès et il conduisit notamment le développement du groupe en Europe de l'Est en 1989. Un an plus tard, Doug Ivester était nommé président de Coke États-Unis et il devenait DG du groupe en 1994.

Mais Ivester n'a pas su franchir le cap de DG à PDG. Négligeant les recommandations du comité de direction du groupe, il a refusé de nommer un nouveau DG. Il a préféré continuer à agir comme un « super DG », maintenant des contacts quotidiens avec la soixantaine de collaborateurs qui lui étaient rattachés. Son attention extraordinaire aux détails, qualité inestimable dans les domaines de la finance et des opérations, se révéla un handicap dans ses nouvelles fonctions. Ivester n'est pas parvenu à se libérer suffisamment des opérations au jour le jour pour assumer le rôle de stratège, de visionnaire, d'homme d'État, d'une certaine manière, qui est celui d'un PDG efficace.

Il en résulta une série de faux pas qui, si aucun ne lui fut fatal en tant que tel, finirent par saper sa crédibilité. Sa gestion maladroite des autorités de réglementation européennes contribua à l'échec de l'acquisition d'Orangina en France et diminua considérablement la valeur de l'acquisition des marques de Cadbury Schweppes. Il fut également très critiqué pour ne pas être davantage « monté au créneau » lors de la crise provoquée en 1999 par la contamination du Coca-Cola mis en bouteille en Belgique. Il s'aliéna d'autres alliés potentiels en n'accordant pas l'attention qu'il aurait dû à un procès pour discrimination raciale au siège social du groupe à Atlanta et en se montrant trop dur avec les embouteilleurs déjà exsangues de Coca. À la fin, il restait bien peu d'amis à Ivester.

Suggérant que l'échec d'Ivester résultait d'une lacune mortelle, le *Wall Street Journal* avança : « Diriger un groupe de la taille de Coca-Cola s'apparente à la direction d'un orchestre, mais il faut croire que M. Douglas Ivester n'avait pas l'oreille musicale... Il connaissait la formule mais pas la musique pour diriger la première organisation marketing du monde[4]. »

Les causes fondamentales de l'échec de Douglas Ivester tiennent moins, toutefois, à ce qu'il ne savait pas faire qu'à ce à quoi il n'a pas su renoncer. Une carrière brillante a connu une fin décevante, voire tragique, parce qu'il a persisté à se concentrer sur les domaines dans lesquels il se sentait compétent. Était-il condamné à échouer ? Sans doute pas. Son échec était-il prévisible étant donné la façon dont il a géré sa transition du poste de DG à celui de PDG ? Absolument.

Faire peau neuve

Comment pouvez-vous éviter ce piège ? Comment être sûr d'embrasser les vrais défis de vos nouvelles fonctions ? Suivez le guide de votre « préparation mentale ».

Définissez un point de passage précis

Le passage d'un poste à un autre est souvent nimbé de brouillard. On vous prévient rarement à l'avance avant de vous propulser dans de nouvelles fonctions. Deux semaines, c'est le maximum qu'un nouveau manager chanceux obtienne généralement ; pour tous les autres, c'est en jours que se mesure la mutation. Entre course contre la montre pour finir ce que vous avez à finir dans votre ancien poste et impatience de découvrir vos nouvelles fonctions, vous vous retrouvez pris entre deux feux. Pire encore, on vous demande de mener les deux de front jusqu'à ce que votre remplaçant ait été choisi, ce qui brouille encore un peu plus la ligne de démarcation.

Il est d'autant plus important de franchir le pas mentalement que le passage de témoin risque, dans les faits, de ne pas être clairement marqué. Choisissez un moment précis, un week-end par exemple, et consacrez-le à imaginer votre prise de fonctions. Mettez-vous mentalement en situation d'abandonner votre ancien poste et de prendre le nouveau. En quoi vos nouvelles fonctions diffèrent-elles des précédentes ? Quels nouveaux comportements devez-vous adopter ? En quoi votre façon d'envisager les choses doit-elle changer ? Prenez le temps de fêter votre mutation, avec votre famille et vos amis. Demandez conseil à vos éminences grises. L'essentiel est de faire ce qu'il faut pour vous mettre dans la disposition d'esprit de la transition.

Ne perdez pas de temps

Votre transition débute au moment où vous apprenez que vous êtes pressenti pour un nouveau poste (voir Figure 1.1). Elle s'achève peu ou prou 90 jours après votre prise de fonctions. À ce stade, les acteurs clés de l'organisation – vos supérieurs, collègues et subordonnés directs – attendent de vous que vous soyez dans le bain.

La durée de la transition, naturellement, dépendra de la situation que vous aurez à prendre en charge. Néanmoins, nous vous recommandons d'utiliser le repère des 90 jours comme un jalon clé pour planifier vos objectifs. C'est un excellent moyen de regarder la réalité en face : le temps vous est compté. Avec de la chance, vous disposerez d'un délai de préparation d'un mois ou plus entre le moment où vous êtes pressenti et celui où vous prendrez officiellement vos nouvelles fonctions. Mettez ces jours à profit pour commencer à vous familiariser avec votre nouvelle organisation.

Quel que soit le temps de préparation dont vous disposez, commencez à planifier ce que vous espérez accomplir en vous fixant plusieurs jalons. C'est peut-être beaucoup vous demander eu égard à tout ce que vous avez déjà à faire, mais quelques heures seulement de réflexion vous aideront à y voir plus clair. Réfléchissez d'abord à la première journée de votre prise de fonctions. Que souhaitez-vous avoir accompli à la fin de cette journée ? Passez ensuite à la première semaine. Puis à la fin du premier mois, du deuxième mois et enfin du troisième mois. Ces plans seront sans doute sommaires, mais le simple fait de vous projeter dans l'avenir et d'essayer de programmer vos actions vous aidera à ne pas naviguer à vue.

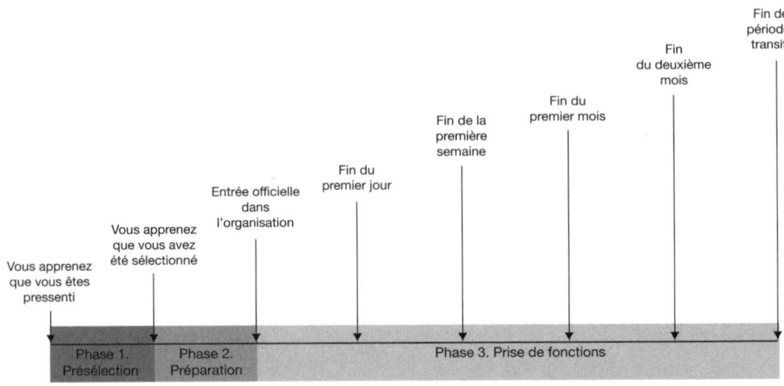

Figure 1.1 : Jalons clés de la transition

Identifiez vos vulnérabilités

On vous a proposé ce nouveau poste parce que ceux qui vous ont recruté pensent que vous avez les compétences nécessaires pour réussir. Ce qui est sans doute le cas. Mais comme nous l'avons vu à travers les exemples de Julia Gould et de Douglas Ivester, vous reposer sur ce qui vous a permis de réussir dans vos précédentes missions peut vous être fatal. Comme l'exprime un dirigeant : « Nous sommes tous tentés de travailler au niveau juste au-dessous de celui où nous sommes. Alors que ce sont nos responsabilités du moment qui comptent. »

Un bon moyen de découvrir vos points faibles consiste à identifier vos domaines de prédilection en matière de résolution de problèmes. Nous avons tous des préférences. Pour Julia Gould, c'était le marketing ; pour Douglas Ivester, la finance et les opérations. Il est probable que ces préférences ont guidé vos choix de carrière. Vous pratiquez ce que vous aimez, perfectionnez vos compétences dans les domaines en question, dans lesquels vous vous sentez de plus en plus compétent, ce qui ne fait que renforcer vos préférences. Un peu comme si vous muscliez exclusivement votre bras droit sans jamais vous occuper du gauche : le bras fort devient plus fort et le bras faible s'atrophie. Le risque, naturellement, est de créer un déséquilibre qui vous laisse vulnérable dans les situations où il faut être ambidextre.

Tableau 1.1 : Identifiez vos domaines de prédilection

Élaboration de systèmes d'évaluation et de récompense des collaborateurs 7	Moral des collaborateurs 7	Égalité et justice 6
Gestion des risques financiers 6	Budgets 5	Maîtrise des coûts 6
Positionnement des produits 4	Relations avec les clients 7	Orientation client 8
Qualité du produit ou du service 6	Relations avec les distributeurs ou les fournisseurs 6	Amélioration continue 5
Systèmes de gestion de projets 4	Relations entre la R&D, le marketing et les opérations 7	Coopération transversale 7

Identifiez vos préférences de résolution de problèmes dans chacun de ces domaines sur une échelle de 1 à 10, sur laquelle 1 signifie très peu d'intérêt et 10, un grand intérêt.

Le Tableau 1.1 vous propose un outil simple pour vous aider à identifier vos domaines d'intervention de prédilection. Indiquez dans chaque case l'intérêt que vous éprouvez pour la résolution de problèmes dans les domaines en question. Pour prendre l'exemple de la première case, aimez-vous travailler sur la conception de systèmes d'évaluation et de récompenses ? Traitez chaque question en tant que telle : il ne s'agit pas de savoir si vous préférez ceci à cela. Attribuez une note d'intérêt à chaque problématique, sur une échelle de 1 (ne m'intéresse pas du tout) à 10 (m'intéresse beaucoup). N'oubliez pas que ce sont vos intérêts et vos inclinaisons qui nous occupent ici, pas vos compétences ni votre expérience. Ne tournez pas la page avant d'avoir rempli le tableau.

À présent, reportez les chiffres dans les cases correspondantes du Tableau 1.2 et faites le total des trois colonnes et des cinq lignes.

Tableau 1.2 : Problèmes et fonctions, vos préférences

	Technique	**Politique**	**Culturel**	**Total**
Ressources humaines	7	7	6	20
Finance				17
Marketing				19
Opérations				17
Recherche et développement				18
Total	27	32	32	

Les totaux des colonnes indiquent vos préférences entre trois types de problématiques : technique, politique et culturelle. Les problématiques techniques recouvrent les stratégies, marchés, technologies et processus. Les problématiques politiques renvoient au pouvoir et aux réseaux d'influence dans l'organisation. Enfin, les problématiques culturelles traitent des valeurs, des normes et des hypothèses qui guident l'organisation.

Si le total d'une colonne est très inférieur à celui des autres, le domaine en question représente un angle mort potentiel pour vous. Si vous obtenez des notes élevées en technique et faibles en culture ou politique par exemple, cela peut indiquer que vous risquez de négliger la composante humaine de l'équation de l'organisation.

Les totaux des lignes indiquent vos préférences pour ce qui est des fonctions de l'entreprise. Un score faible dans une ligne suggère que vous préférez ne pas vous colleter avec des problèmes dans ce domaine fonctionnel, qui constitue donc un point vulnérable potentiel.

Vos résultats à cet exercice vous aideront à répondre aux questions suivantes : dans quelles sphères préférez-vous résoudre des problèmes ? Dans quels domaines êtes-vous moins tenté de le faire ? Quelles sont les implications de ces préférences en termes de vulnérabilités potentielles dans vos nouvelles fonctions ?

Que faire pour combler d'éventuelles lacunes et progresser sur vos points faibles ? Les méthodes et outils ne manquent pas, mais nous en retiendrons plus particulièrement trois : le travail personnel, la construction d'équipe et l'écoute. Vous devrez prendre l'habitude de consacrer du temps à des activités importantes que vous n'aimez pas et qui ne vous sont peut-être pas naturelles. Simultanément, recherchez activement au sein de votre organisation des personnes possédant des compétences pointues dans ces domaines, qui pourront vous aider et auprès de qui vous pourrez apprendre. Un réseau de conseillers peut également vous aider à sortir de votre zone de confort. Ces stratégies sont abordées en détail dans le Chapitre 7, « Constituez votre équipe », et dans le Chapitre 9, « Gardez la tête froide ».

Méfiez-vous de vos points forts

Vos points forts aussi peuvent vous rendre vulnérable. Tout point fort comporte ses pièges. Les qualités qui vous ont permis de réussir jusqu'à présent constituent peut-être des points faibles dans votre nouveau poste. Julia Gould et Douglas Ivester étaient des maniaques du détail. Un point fort, certes, qui a pourtant ses inconvénients, surtout lorsqu'il s'accompagne d'un besoin de contrôle élevé. Il risque alors de se traduire par une tendance à vous mêler à tout bout du champ du travail des autres dans les domaines que vous maîtrisez le mieux. Ainsi placés sous haute surveillance, il est probable que vos collaborateurs perdront une bonne part de leur motivation.

Réapprenez à apprendre

Il y a peut-être très très longtemps que vous ne vous êtes retrouvé au pied d'une courbe d'apprentissage aussi raide. « J'ai brutalement pris conscience de tout ce que je ne savais pas » est une phrase qui revient souvent dans la bouche des managers en transition. Vous avez excellé dans une fonction ou un domaine, à l'instar de Julia Gould, et vous vous retrouvez aujourd'hui à un poste de management général. Vous vous êtes épanoui dans des responsabilité hiérarchiques et on vous demande à présent de prendre des responsabilités fonctionnelles ou de manager dans une organisation matricielle. Vous rejoignez une nouvelle entreprise dont les réseaux d'influence et la culture vous sont étrangers. Dans tous les cas, vous avez soudainement besoin d'apprendre beaucoup et vite.

Ce retour à l'apprentissage risque de réveiller des sentiments désagréables, oubliés depuis longtemps, d'incompétence et de vulnérabilité, en particulier si le début de votre prise de fonctions est marqué par des revers. Vous avez l'impression d'être reporté à un stade de votre carrière où vous aviez moins confiance en vous. Vous ferez peut-être quelques faux pas au début et connaîtrez à nouveau l'échec pour la première fois depuis des années. Plus ou moins consciemment, vous vous repliez sur des domaines dans lesquels vous vous sentez compétent et vous restreignez votre réseau de relations à des individus qui renforcent le sentiment que vous avez de votre propre valeur.

Face à l'inconnu que représente un nouveau poste et aux défis inédits qu'il comporte, il n'est pas rare que la crainte de ne pas être à la hauteur et de ne pas savoir crée un cercle vicieux de déni et de repli défensif, comme le souligne Chris Argyris dans son article « Teaching Smart People How to Learn », paru dans *Harvard Business Review.*

> *Parce que de nombreux cadres réussissent presque toujours dans ce qu'ils font, l'échec est une expérience qu'ils n'ont que rarement l'occasion de vivre. Partant, ils n'ont jamais appris à apprendre de l'échec. Dès lors, lorsque leurs stratégies d'apprentissage ne donnent pas les résultats escomptés, ils adoptent une attitude défensive, filtrent toute critique et accusent tout le monde sauf eux-mêmes. En d'autres termes,*

leur capacité à apprendre se ferme au moment même où ils en ont le plus besoin[5].

Pour dire les choses sans détours, ou vous décidez d'apprendre, ou vous vous murez dans votre tour d'ivoire et vous courez à la catastrophe. Lente agonie ou mort soudaine, votre échec est inévitable. Comme nous le verrons dans le prochain chapitre, le déni et le repli sur soi sont les plus sûrs ingrédients du désastre.

Réapprendre à apprendre est parfois pénible. La prise de nouvelles fonctions risque de raviver des doutes profonds sur vos capacités, que vous pensiez avoir surmontés depuis longtemps. Si vous avez des sueurs froides, ne vous inquiétez pas. La plupart des nouveaux leaders passent par là. Et si vous acceptez d'apprendre, vous les surmonterez.

Reconfigurez votre réseau

Au fil de votre carrière, les avis et les conseils dont vous avez besoin évoluent. Vous glisser dans vos nouveaux habits, cela signifie aussi faire ce qu'il faut pour restructurer votre réseau de conseillers. En début de carrière, il est important de s'entourer de bons conseillers techniques – des spécialistes de certains aspects du marketing ou de la finance par exemple, qui peuvent vous aider à faire votre travail. À mesure que vous gravissez les échelons, cependant, il devient de plus en plus important de bénéficier de bons conseils politiques et personnels. Les conseillers politiques vous aident à comprendre les réseaux d'influence de l'organisation, connaissance essentielle pour quiconque souhaite conduire le changement. Quant aux conseillers personnels, ils vous aident à garder du recul et à préserver votre équilibre dans les périodes de stress. Comme nous le verrons dans le Chapitre 8, faire évoluer votre réseau de conseillers n'est jamais chose facile. Des liens de confiance et d'amitié se nouent, des habitudes se créent – avec lesquels il va falloir rompre.

Ouvrez l'œil

Il est possible que certains individus, consciemment ou non, ne souhaitent pas vous voir aller votre nouveau bonhomme de chemin. Votre ancien supérieur, par exemple, voit votre départ d'un très mauvais œil. Dès que vous connaîtrez la date de votre prise de fonctions, vous devrez donc tirer au clair ce que l'on attend de vous avant que vous ne quittiez votre ancien poste, c'est-à-dire définir précisément les missions et projets sur lesquels vous aurez à agir et, surtout, définir précisément ce que vous *ne ferez pas*. Afin d'éviter toute ambiguïté ou tout malentendu, inscrivez votre projet noir sur blanc et communiquez-le à votre supérieur. Après quoi, respectez vos engagements, et veillez à ce que votre supérieur fasse de même. Soyez réaliste et ne voyez pas trop grand à l'heure de tirer votre révérence. N'oubliez pas que disposer de temps *avant* votre prise de fonctions pour évaluer votre nouveau poste et découvrir votre nouvelle organisation constituera toujours un atout extrêmement précieux.

Vos amis, pour leur part, ne souhaitent peut-être pas que leurs relations avec vous changent. Il va pourtant falloir qu'ils se fassent une raison, et plus tôt vous accepterez cette idée vous aussi (et aiderez les autres à l'accepter), mieux cela vaudra. Les autres membres de votre organisation ne manqueront pas d'être à l'affût de signes de favoritisme et vous jugeront en conséquence.

Si, dans vos nouvelles fonctions, vous êtes amené à superviser d'anciens collègues, dites-vous bien que cette promotion n'ira pas sans susciter quelques jalousies. Certains œuvreront peut-être même à votre perte. En général, ces sentiments s'atténueront avec le temps. Mais soyez assuré que votre autorité sera mise à rude épreuve dès les premiers jours. Affrontez ces remises en cause avec fermeté et justice. Si vous ne fixez pas de limites dès le début, chaque jour qui passe vous le fera amèrement regretter. Franchir le cap de votre nouveau poste, c'est aussi faire accepter votre promotion aux autres. Ce travail en amont est essentiel. Si vous découvrez que certaines personnes ne sont pas prêtes à se plier à cette nouvelle donne, vous devrez trouver un moyen de leur faire quitter votre organisation le plus rapidement possible.

Surmonter les obstacles

Se glisser dans un nouveau rôle est un travail difficile. Bien souvent, votre pire ennemi ne sera autre que vous-même. Prenez quelques minutes pour réfléchir à vos points faibles par rapport à vos nouvelles fonctions, tels que vous les avez identifiés grâce au diagnostic de vos préférences. Qu'allez-vous faire pour progresser ? Analysez ensuite les forces extérieures – vos engagements vis-à-vis de votre ancien supérieur par exemple – qui pourraient vous empêcher d'avancer. Comment les gérer pour qu'elles n'entravent pas votre évolution ?

Assumer votre nouveau rôle n'est pas une destination, c'est un voyage. Vous devrez veiller sans relâche à relever les défis *réels* du poste et à ne pas tomber dans ce que Ron Heifetz nomme la « dérobade[6] ». Les vieilles habitudes guettent, confortables et dangereuses. Prévoyez de relire régulièrement ce chapitre en vous demandant : « Fais-je tout ce que je peux pour adhérer à mon nouveau rôle ? »

POUR ACCÉLERER LA TRANSITION

1. À quelles qualités devez-vous d'avoir réussi jusqu'à présent ? Pouvez-vous réussir dans vos nouvelles fonctions en faisant exclusivement appel à ces points forts ? Si non, quelles sont les compétences clés que vous devez développer ?
2. Êtes-vous peu familier ou peu attiré par certains aspects fondamentaux de votre nouveau poste ? Si oui, pourquoi répugnez-vous à vous y intéresser ? Qu'allez-vous faire pour compenser d'éventuels angles morts ?
3. Que devez-vous faire pour être certain de franchir le cap mental de vos nouvelles fonctions ? Auprès de qui pouvez-vous chercher conseils et avis ? Quelles activités pourraient vous y aider ?

Chapitre 2

HÂTEZ-VOUS D'APPRENDRE

Chris Bagley était responsable de la qualité à Sigma Corporation, une entreprise de biens de consommation durables. Lorsque son supérieur démissionna pour devenir vice-président chargé de la fabrication de White Goods, un fabricant d'appareils électriques en difficulté, il proposa à Chris le poste de directeur général de sa plus grande usine. Chris sauta sur l'occasion.

Chris avait rejoint Sigma à la fin de ses études d'ingénieur et avait effectué toute sa carrière dans l'entreprise, où il avait acquis une excellente maîtrise de la fonction de fabrication. La société était d'ailleurs réputée pour la performance et la qualité de ses systèmes de production. Manager compétent, Chris s'était toutefois habitué à travailler avec des technologies de pointe et un personnel motivé. Il s'était rendu sur le site de White Goods avant d'accepter le poste et il avait pu constater par lui-même que c'était un univers bien différent qui l'attendait. Il était déterminé à faire souffler un vent de modernisation sur l'usine – et rapidement.

Peu de temps après avoir rejoint White Goods, Chris entama donc sa petite révolution. Les installations sont dépassées, déclara-t-il, et l'usine doit être reconstruite de zéro « sur le modèle de Sigma ». Il fit immédiatement appel à des consultants de haut vol, dont les conclusions furent sans appel : la technologie et les systèmes de l'usine étaient « vétustes » et les compétences des ouvriers « insignifiantes ». Ils préconisaient une réorganisation totale du site par équipes ainsi que d'importants investissements en technologie et en formation. Chris communiqua les conclusions de ce rapport à ses subordonnés directs, les informant qu'il souhaitait engager sans tarder les actions nécessaires. Il prit le silence de son équipe pour un assentiment.

Peu de temps après la mise en place de la nouvelle structure par équipes sur l'une des quatre lignes de production de l'usine, la productivité chuta et des problèmes de qualité apparurent. Chris réunit son équipe et lui enjoignit de « résoudre les problèmes, et vite ». Mais les problèmes subsistèrent et le moral de tout le personnel du site s'effondra.

Au bout de trois mois de ce régime, le supérieur de Chris lui dit : « Tu t'es mis tout le monde à dos ou presque. Je t'ai demandé de venir ici pour améliorer l'usine, pas pour la démolir. » Puis il le mitrailla de questions : « Combien de temps as-tu passé à étudier cette usine ? À essayer de comprendre comment elle fonctionne ? Est-ce que tu savais qu'ils avaient déjà essayé de fonctionner en équipes mais que cela n'avait rien donné ? As-tu seulement vu ce qu'ils étaient capables d'accomplir avant ton arrivée avec les ressources dont ils disposaient ? Il est grand temps que tu arrêtes de faire et que tu commences à écouter. »

Ébranlé, Chris organisa plusieurs réunions avec ses managers, ses superviseurs et des groupes d'ouvriers. Ces discussions furent notamment l'occasion pour lui de découvrir la créativité dont tous avaient fait preuve pour pallier l'absence d'investissements dans leur usine. Il organisa ensuite une grande réunion à laquelle fut convié l'ensemble du personnel de l'usine et il félicita les ouvriers pour tout ce qu'ils avaient accompli avant que lui-même rejoigne l'entreprise. Il annonça également que la réorganisation était mise de côté et que priorité était désormais donnée à l'amélioration technologique de l'usine avant l'introduction de tout autre changement.

En quoi Chris s'est-il fourvoyé ? Comme trop de managers fraîchement nommés, il a négligé d'en apprendre suffisamment sur sa nouvelle organisation et a bâti son action sur des hypothèses qui auraient pu lui coûter très cher. Il est fondamental que vous définissiez précisément ce que vous avez besoin d'apprendre sur l'organisation que vous rejoignez, puis que vous conduisiez cet apprentissage le plus rapidement possible. Pourquoi ? Parce qu'un apprentissage performant et bien conduit, efficient et efficace, réduit votre fenêtre de vulnérabilité : vous êtes en mesure d'identifier des problèmes potentiels qui pourraient surgir et vous déstabiliser. Et, armé des connaissances nécessaires, vous pourrez prendre les bonnes décisions plus tôt. Car ne l'oubliez pas : vos clients internes et externes n'attendront pas que vous musardiez tranquillement le long de la courbe d'apprentissage.

Surmonter ses handicaps

Lorsqu'un nouveau manager échoue, c'est bien souvent parce qu'il a négligé – ou refusé – d'apprendre. Le torrent d'informations qui déferle sur lui est tel que même les enjeux les plus évidents peuvent devenir difficiles à discerner. Il est facile de passer à côté de signaux importants. Le risque est grand, aussi, de se focaliser sur la dimension technique – produits, clients, technologies et stratégies – au détriment de la culture et des réseaux d'influence de l'entreprise.

Pour encore compliquer les choses, les managers ne reçoivent généralement pas la moindre formation à la conduite systématique d'un diagnostic d'organisation. Ceux qui peuvent prétendre en avoir bénéficié sont invariablement soit des professionnels des ressources humaines soit d'anciens consultants en management.

On observe également que très peu de nouveaux managers prennent le temps de planifier leur apprentissage, c'est-à-dire d'identifier les questions importantes et la meilleure façon d'y apporter des réponses. Moins nombreux encore sont ceux qui élaborent un réel projet d'apprentissage lorsqu'ils prennent de nouvelles fonctions.

Certains managers présentent même des « infirmités d'apprentissage », des blocages intérieurs potentiellement paralysants. Par exemple ils refusent purement et simplement d'essayer de comprendre l'histoire de l'organisation. Tout nouveau manager devrait se poser cette question fondamentale : « Comment en sommes-nous arrivés là ? » Faute de quoi il risque de détruire des barrières sans savoir pourquoi elles avaient été érigées. Si vous connaissez l'histoire de l'entreprise, vous découvrirez peut-être que la barrière en question est effectivement inutile. Ou, au contraire, qu'il y a d'excellentes raisons de la laisser en place.

D'autres managers encore souffrent de la maladie de l'action, une infirmité d'apprentissage dont le symptôme principal est un besoin quasi compulsif d'agir. Si vous constatez que vous n'avez jamais le temps ou le loisir de partir à la découverte de votre nouvelle organisation, il n'est pas impossible que vous en souffriez. C'est une affection qu'il ne faut pas prendre à la légère car elle peut déclencher une spirale mortelle. Si vous n'apprenez pas, vous risquez de prendre dès les premières semaines de mauvaises décisions qui saperont votre crédibilité, dissuaderont les autres de vous confier des informations importantes, informations sans lesquelles vous ne pourrez prendre les bonnes décisions… Un cercle vicieux qui détruira votre crédibilité pour toujours. Soyez donc vigilant ! Prendre des décisions radicales dès le début de votre entrée en fonction vous semblera peut-être la bonne chose à faire – et c'est parfois le cas, comme nous le verrons dans le chapitre suivant –, mais réfléchissez-y à deux fois : faute d'une connaissance suffisante de l'organisation, vous risquez de passer à côté des vrais problèmes.

Mais le comportement le plus destructeur est peut-être celui qui consiste à arriver avec « la réponse » ou « la solution ». Le leader s'est déjà fait son idée sur la façon dont il convient de résoudre les problèmes de sa nouvelle organisation. Aveuglé par ses expériences antérieures, il ne se rend pas compte que ce qui fonctionne bien dans une culture organisationnelle peut échouer lamentablement dans une autre. Comme Chris Bagley l'a découvert à ses dépens, cette attitude risque de vous faire commettre de graves erreurs et de vous attirer l'hostilité de tous. Chris a cru qu'il pouvait se contenter de reproduire ce qu'il avait appris à Sigma pour résoudre les problèmes de l'usine. Même dans les situations (un redressement, par exemple) dans lesquelles vous êtes explicitement recruté pour introduire de nouvelles façons de faire les choses, vous devez vous familiariser avec la culture de l'organisation, ses modes de décisions et ses réseaux d'influence pour pouvoir élaborer une approche sur mesure. Sans compter que faire preuve d'une réelle capacité d'écoute augmentera bien souvent votre crédibilité et votre influence.

Gérer l'apprentissage comme un processus d'investissement

Si vous envisagez vos efforts pour accélérer votre prise de fonctions comme un processus d'investissement – et votre temps et votre énergie comme des ressources rares qui exigent d'être soigneusement gérées –, vos gains prendront la forme de connaissances actionnables, c'est-à-dire d'un savoir qui vous permettra de prendre de meilleures décisions plus tôt et vous aidera ainsi à atteindre plus rapidement le seuil de rentabilité en termes de création de valeur personnelle. Chris Bagley aurait agi différemment s'il avait su que :

- la direction de White Goods avait volontairement réduit ses investissements dans l'usine à une peau de chagrin malgré les efforts des managers locaux pour améliorer le site ;
- l'usine avait obtenu des résultats remarquables en termes de qualité et de productivité au regard de ses équipements ;
- les superviseurs et les ouvriers étaient, à raison, fiers de ce qu'ils avaient accompli.

Pour maximiser votre retour sur investissement dans l'apprentissage, vous devez extraire, de manière efficace et efficiente, des connaissances utilisables de la masse d'informations dont vous disposez. Par « apprentissage efficace », nous entendons ce qui permet d'identifier ce que vous avez besoin d'apprendre pour faire porter vos efforts là où ils doivent l'être. Définissez votre projet d'apprentissage le plus tôt possible et revoyez-le régulièrement pour l'affiner et le compléter. L'« apprentissage efficient » suppose de repérer les meilleures sources de connaissances disponibles et de déterminer comment en extraire le maximum de savoir en consommant le moins possible de votre précieux temps. L'approche de Chris Bagley n'était ni efficace ni efficiente.

Définissez votre projet d'apprentissage

Si Chris Bagley pouvait tout recommencer, que ferait-il ? Il aurait prévu de s'engager dans un processus d'apprentissage systématique : créer un cercle vertueux de collecte et d'analyse des informations, sur la base desquelles il aurait pu établir des hypothèses à tester en grandeur réelle.

La première étape consiste à définir votre projet d'apprentissage, dans l'idéal avant votre prise de fonctions. Un projet d'apprentissage matérialise vos priorités : qu'avez-vous le plus besoin d'apprendre ? Il consiste en un ensemble ciblé de questions qui vous guideront dans vos recherches, ou d'hypothèses que vous souhaitez explorer et éprouver, voire les deux. Le processus, naturellement, est itératif. Le contenu de votre projet évoluera au fil de votre transition et de ce que vous apprenez. Progressivement, les questions seront remplacées par des hypothèses sur ce qu'il se passe autour de vous et pourquoi – hypothèses qu'il vous faudra à leur tour étoffer et tester.

Comment élaborer votre première liste de questions ? Commencez par formuler des questions concernant le passé, puis des questions concernant le présent et enfin, des questions concernant l'avenir. Pourquoi les choses se font-elles comme elles se font dans votre nouvelle organisation ? Les raisons pour lesquelles certaines choses étaient faites de telle ou telle manière (par exemple, pour répondre à la menace d'un concurrent) sont-elles toujours valables aujourd'hui ? Les conditions, l'environnement sont-ils en train de changer, appelant d'autres stratégies pour l'avenir ? Vous trouverez dans les encadrés des exemples pour chaque catégorie de questions.

Questions relatives au passé

Performances et résultats

- Quelles ont été les performances de cette organisation dans le passé ? Comment les collaborateurs jugent-ils ces performances ?
- Comment les objectifs étaient-ils définis ? Étaient-ils trop ou pas assez ambitieux ?
- Des benchmarks internes ou externes étaient-ils utilisés ?
- Quels indicateurs étaient utilisés ? Quels comportements encourageaient-ils ou décourageaient-ils ?
- Que se passait-il si les objectifs n'étaient pas atteints ?

Causes fondamentales

- Si les performances étaient bonnes, pourquoi ?
- Quelles ont été les contributions relatives de la stratégie de l'organisation, de sa structure, de ses capacités techniques, de sa culture et de ses règles du jeu politiques ?
- Si les résultats n'étaient pas bons, pourquoi ? Est-ce la stratégie de l'entreprise qui est en cause ? Sa structure ? Ses capacités techniques ? Sa culture ? Ses règles du jeu politiques ?

Histoire du changement

- Quelles initiatives ont été prises pour changer l'organisation ? Que s'est-il produit ?
- Quels ont été les acteurs clés qui ont façonné l'entreprise ?

Questions relatives au présent

Vision et stratégie

- Quelles sont la vision et la stratégie affichées de l'organisation ?
- Cette stratégie est-elle réellement suivie ? Si non, pourquoi ? Si oui, la stratégie conduira-t-elle l'entreprise là où elle a besoin d'aller ?

Collaborateurs

- Qui est compétent et qui ne l'est pas ?
- À qui peut-on faire confiance ? À qui ne peut-on pas faire confiance ?
- Qui a de l'influence et pourquoi ?

Processus

- Quels sont les processus clés de l'organisation ?
- Donnent-ils des résultats acceptables en termes de qualité, de fiabilité et de délais ? Si non, pourquoi ?

Dangers

- Quelles bombes à retardement risquent d'exploser et de vous faire trébucher ?
- Quels faux pas culturels ou politiques potentiellement dangereux devez-vous éviter ?

Victoires précoces

- Dans quels domaines (collaborateurs, relations, processus ou produits) pouvez-vous espérer obtenir des victoires précoces ?

Questions relatives à l'avenir

Défis et opportunités

- Au cours de l'année à venir, dans quels domaines l'entreprise risque-t-elle d'être confrontée à des défis importants ? Que peut-on faire maintenant pour s'y préparer ?
- Quelles sont les opportunités non exploitées les plus prometteuses ? Que faudrait-il qu'il se produise pour qu'elles se réalisent ?

Obstacles et ressources

- Quels sont les obstacles les plus importants aux changements à conduire ? Sont-ils d'ordre technique ? Culturel ? Politique ?
- Existe-t-il des îlots d'excellence ou d'autres ressources de qualité que vous pourriez exploiter ?
- Quelles nouvelles compétences doivent être développées ou acquises ?

Culture

- Quels éléments de la culture doivent être préservés ?
- Quels éléments faut-il faire évoluer ?

Identifiez les meilleures sources de connaissances

Vous acquerrez une bonne connaissance « théorique » de l'organisation en puisant aux sources d'informations factuelles traditionnelles que sont les rapports financiers et les rapports d'exploitation, les plans stratégiques et fonctionnels, les enquêtes auprès des collaborateurs, les articles de presse et les analyses sectorielles. Mais pour prendre des décisions efficaces, vous aurez aussi besoin d'informations « grises » sur la stratégie de l'entreprise, ses capacités techniques, sa culture et ses réseaux d'influence. Le seul moyen d'obtenir ce type d'informations est de discuter avec des personnes qui détiennent les connaissances clés pour la compréhension de la situation que vous rencontrez.

Il va donc vous falloir identifier les sources d'informations les plus prometteuses, démarche qui rendra votre processus d'apprentissage à la fois plus complet et plus efficace. N'oubliez pas que vous devez écouter les acteurs clés au sein de l'organisation, mais aussi à l'extérieur de celle-ci (voir Figure 2.1). Discuter avec des personnes possédant différents points de vue vous donnera une vision plus exhaustive et plus fine des choses – réalités extérieures et perceptions internes, et entre cadres dirigeants et collaborateurs d'autres niveaux.

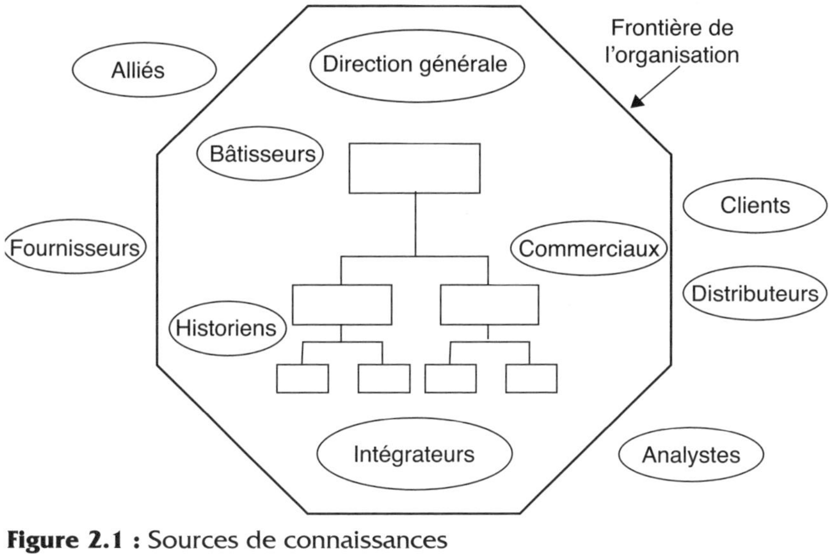

Figure 2.1 : Sources de connaissances

Les sources externes les plus enrichissantes seront vraisemblablement :

- Les clients. Comment les clients perçoivent-ils votre entreprise ? Comment vos meilleurs clients évaluent-ils vos produits ou services ? Et votre service clients ? Comment classent-ils votre entreprise par rapport à ses concurrents ?
- Les distributeurs. Ils vous donneront des informations précieuses sur la logistique de distribution des produits, le service clients, ainsi que sur les pratiques et les offres des concurrents. En les rencontrant, vous vous ferez également une idée plus précise de leurs compétences et de leurs moyens.
- Les fournisseurs. Ils vous donneront leur point de vue sur votre organisation dans son rôle de cliente. Ils pourront également vous éclairer sur les points forts et les faiblesses de la gestion et des systèmes des opérations internes.
- Les analystes extérieurs. Ils vous apporteront une vision objective de la stratégie et des capacités de votre entreprise, ainsi que de celles de vos concurrents. Les analystes ont également une bonne vision d'ensemble des demandes du marché et de la santé du secteur.

Les sources internes indispensables sont :

- Les collaborateurs R&D et opérationnels. Ce sont eux qui développent et fabriquent vos produits ou délivrent vos services. En discutant avec eux, vous vous familiariserez avec les processus de base de l'organisation et ses relations avec les acteurs extérieurs clés. Ils sont également susceptibles de vous apporter un éclairage intéressant sur l'efficacité des interfaces avec les autres services et le soutien – ou les freins – qu'ils trouvent auprès du reste de l'organisation.
- Les collaborateurs vente et achats. Avec les représentants des services clients et achats, ils interagissent directement avec les clients, les distributeurs et les fournisseurs. Ils disposent souvent d'informations récentes sur les tendances et les évolutions du marché.

- Les fonctionnels. Discutez avec les responsables ou les membres clés des services financier, juridique et ressources humaines. Ces collaborateurs ont un point de vue spécialisé mais utile sur les rouages internes de l'entreprise.
- Les intégrateurs. Par ce terme, nous désignons tous ceux qui coordonnent ou facilitent des interactions transfonctionnelles, directeurs de projets, directeurs de sites et directeurs produits notamment. Vous apprendrez d'eux comment les différentes fonctions travaillent ensemble et les relations qui prévalent au sein de l'entreprise. Ces collaborateurs peuvent vous aider à mettre au jour les véritables hiérarchies politiques et à identifier les éventuels conflits internes.
- Les historiens. Gardez un œil sur les « vieux de la vieille » ou les historiens « naturels » – les collaborateurs qui sont dans l'entreprise depuis longtemps et ceux qui assimilent naturellement son histoire. Ils vous aideront à comprendre la mythologie de l'entreprise et les racines de sa culture et de ses réseaux d'influence.

Adopter des méthodes d'apprentissage structurées

Maintenant que vous avez une idée plus précise de ce que vous devez apprendre et de l'endroit où le chercher – dans des documents ou à l'occasion de conversations avec des personnes bien informées –, il va vous falloir réfléchir aux différentes méthodes d'apprentissage qui s'offrent à vous en vue de sélectionner les plus adaptées à vos besoins.

Beaucoup de managers ont tendance à se lancer tête baissée dans de grandes discussions avec des membres de l'organisation. En procédant de la sorte, vous collecterez à n'en pas douter beaucoup d'informations « grises », mais cette méthode n'est pas efficace. Pourquoi ? Parce qu'elle peut être très gourmande de temps et parce que, n'étant absolument pas structurée, elle ne vous permet pas de déterminer quel poids accorder aux observations des uns et des autres. Vous risquez ainsi de vous laisser excessivement influencer par les premières (ou les dernières) personnes avec qui vous discuterez. Sans compter que certains collaborateurs n'hésiteront pas à jouer de ces ressorts pour essayer de vous influencer.

Dès lors, nous ne saurions trop vous conseiller d'avoir recours à un processus d'apprentissage structuré, conçu pour de nouveaux managers. Pour illustrer les avantages d'une méthode structurée, imaginons que vous projetiez de rencontrer vos subordonnés directs pour recueillir leur évaluation de la situation. Comment allez-vous procéder ? Tous les réunir dès les premiers jours n'est pas nécessairement une bonne option parce que certains hésiteront à dévoiler leur opinion devant les autres.

Vous pouvez choisir de les rencontrer individuellement. Naturellement, cette démarche présente elle aussi des inconvénients puisqu'elle vous oblige à rencontrer vos collaborateurs dans un certain ordre. Il est plus que probable que les dernières personnes que vous souhaitez rencontrer se renseigneront auprès de celles qui ont déjà eu leur baptême du feu pour savoir ce que vous attendez. Le risque est alors de recueillir, au lieu de la diversité de points de vue que vous espériez, des réponses plus ou moins stéréotypées et de ne plus être maître de vos messages.

Imaginons donc que vous choisissiez de rencontrer individuellement vos subordonnés directs. Dans quel ordre allez-vous les recevoir ? Comment éviter de vous laisser excessivement influencer par les premières personnes que vous rencontrerez ? Une parade possible est d'adopter le même « script » pour tous vos entretiens. Il pourra par exemple consister en une brève introduction sur vous-même et votre approche, suivie par une série de questions concernant votre interlocuteur (parcours, famille et centres d'intérêt), avant de conclure par un questionnaire de base sur l'entreprise. Le grand mérite de cette approche standardisée est qu'elle vous permet de comparer les réponses de vos différents interlocuteurs et d'analyser ce qui est cohérent et ce qui ne l'est pas. Vous en apprendrez également beaucoup sur la plus ou moins grande liberté de ton de vos interlocuteurs.

Lorsque vous établissez le diagnostic de votre nouvelle organisation, commencez par rencontrer individuellement vos subordonnés directs. Posez-leur les cinq mêmes questions :

1. Quels sont les plus grands défis auxquels est confrontée (ou sera confrontée dans un avenir proche) l'entreprise ?

2. Pourquoi l'entreprise est-elle (ou sera-t-elle) confrontée à ces défis ?
3. Quelles sont les opportunités de croissance non exploitées les plus prometteuses ?
4. Que faudrait-il qu'il arrive pour que l'entreprise exploite le potentiel de ces opportunités ?
5. Si vous étiez à ma place, sur quoi concentreriez-vous votre attention ?

Ces cinq questions, associées à une écoute attentive et à un processus de suivi, vous apprendront énormément. Poser à chacun la même série de questions vous permettra d'identifier les points de vue partagés et les points de vue divergents – ce qui vous évitera d'être influencé par la première personne avec qui vous vous entretenez, ou la plus convaincante. La façon dont les gens vous répondent pourra également vous en dire long sur votre nouvelle équipe, ses modes de fonctionnement et les rapports entre ses membres. Qui répond franchement ? Qui fait une réponse évasive ou part dans une digression ? Qui assume ses responsabilités et qui montre les autres du doigt ? Qui possède une vue d'ensemble de l'entreprise et qui ne voit pas plus loin que le bout de sa fonction ?

Après avoir analysé et synthétisé ces premières discussions en un ensemble d'observations, de questions et de conclusions, réunissez l'ensemble de vos subordonnés directs, faites-leur part de vos impressions et de vos questions et engagez le débat. Ce faisant, vous en apprendrez encore un peu plus sur la nature et les dynamiques de votre équipe tout en démontrant à vos collaborateurs la rapidité avec laquelle vous avez cerné les enjeux clés.

Point n'est besoin de suivre ce processus à la lettre. Vous pouvez, par exemple, faire appel à un consultant extérieur pour conduire le diagnostic de l'organisation et transmettre ses conclusions à votre équipe (voir l'encadré « Processus d'intégration des nouveaux leaders »), ou demander à un facilitateur interne de piloter le processus. L'idée qu'il faut retenir, c'est qu'avec un tout petit peu de méthode, vous obtiendrez plus rapidement de vos collaborateurs des connaissances et des informations sur lesquelles vous pourrez vous appuyer pour agir. Les questions que vous poserez, cela va sans dire, seront adaptées aux différents groupes que vous rencontrerez. Si vous avez un entretien avec un vendeur, par exemple, demandez-lui : « Que veulent nos clients qu'ils trouvent auprès de nos concurrents et pas chez nous ? »

Selon les contextes, d'autres méthodes d'apprentissage structurées pourront vous être utiles. Vous en trouverez des exemples dans le Tableau 2.1, classées en fonction de deux critères : le niveau du nouveau manager dans l'organisation et le type de situation d'entreprise qu'il rencontre. Les nouveaux managers efficaces utilisent un panachage de méthodes, adaptant leur stratégie d'apprentissage aux caractéristiques de la situation.

Processus d'intégration des nouveaux leaders

Un exemple de méthode d'apprentissage structurée nous est offert avec le processus d'intégration des nouveaux leaders développé à l'origine par General Electric. Dans ce processus, chaque fois qu'un manager prend de nouvelles fonctions à un certain niveau, on lui assigne un facilitateur de transition. Dans un premier temps, le facilitateur rencontre le nouveau leader pour définir le processus avec lui. Cette étape initiale est suivie par une réunion du facilitateur avec les nouveaux subordonnés directs du leader au cours de laquelle on leur pose des questions du style : « Que voudriez-vous savoir au sujet du nouveau leader ? » « Que voudriez-vous qu'il ou elle sache de vous ? de l'entreprise ? » Ces remarques sont ensuite transmises, de manière anonyme, au nouveau leader. Le processus s'achève par une réunion du nouveau responsable et de ses subordonnés directs, en présence du facilitateur.

Créer un plan d'apprentissage

Votre projet d'apprentissage définit *ce* que vous devez apprendre. Votre plan d'apprentissage définit *comment* vous allez conduire cet apprentissage. Il traduit – *via* l'identification de sources d'informations prometteuses et l'utilisation de méthodes systématiques – des objectifs d'apprentissage en ensembles spécifiques d'actions qui accélèrent votre apprentissage. Votre programme est donc un élément fondamental de votre plan des 90 premiers jours. Comme nous le verrons plus loin, l'apprentissage doit même figurer au rang des priorités de votre plan pour les 30 premiers jours de votre prise de fonctions.

Tableau 2.1 : Méthodes d'apprentissage structurées

Méthodes	Objectifs	Public
Enquêtes sur le climat organisationnel et la satisfaction des collaborateurs	Apprendre sur la culture et le moral de l'entreprise. De nombreuses entreprises conduisent régulièrement ce type de sondages, et une base de données est peut-être déjà disponible. Si ce n'est pas le cas, envisagez de mettre en place une enquête périodique des perceptions des collaborateurs.	Utile aux managers de tous niveaux si l'analyse est disponible spécifiquement pour votre unité ou votre groupe. La portée de la méthode dépend étroitement du niveau de granularité de la collecte et de l'analyse des données. Elle suppose également que l'instrument d'enquête soit bon et que les données aient été collectées avec soin et analysées de manière rigoureuse.
Série d'entretiens structurés avec des « tranches » de l'organisation ou de l'unité	Identifier les perceptions communes et divergentes des opportunités et des problèmes. Vous pouvez interviewer des collaborateurs de même niveau appartenant à différents services (tranche horizontale) ou décliner l'approche sur plusieurs niveaux (tranche verticale). Dans un cas comme dans l'autre, posez les mêmes questions à tous et repérez les similitudes et les différences dans les réponses.	Surtout utile aux managers qui dirigent des groupes composés de collaborateurs venus de différentes fonctions. Peut également être utile à des échelons inférieurs si l'unité connaît des problèmes graves.
Focus groupes	Explorer des questions qui préoccupent des groupes clés de collaborateurs, ainsi du moral du personnel commercial ou de production. Réunir des groupes de collaborateurs qui travaillent ensemble vous permet également d'observer comment ils interagissent et à qui revient le leadership. En favorisant le débat, vous aurez accès à des informations plus en profondeur.	Particulièrement utile aux managers de groupes importants de collaborateurs qui ont la même fonction, directeurs commerciaux ou directeurs de sites par exemple. Peut également être utile aux dirigeants comme moyen de se faire rapidement une idée des perceptions des groupes de collaborateurs clés.

Méthodes	**Objectifs**	**Public**
Analyse des décisions passées importantes	Comprendre les processus de prise de décision et les sources de pouvoir et d'influence. Choisissez une décision récente importante et essayez d'en dérouler le fil. Qui a exercé de l'influence à chaque stade ? Discutez avec les personnes impliquées, explorez leurs perceptions et soyez à l'écoute de ce qui est dit et de ce qui n'est pas dit.	Particulièrement utile aux managers de haut niveau au sein de *business units* ou de groupes de projets.
Analyse des processus	Examiner les interactions entre les services ou fonctions et évaluer l'efficacité d'un processus. Sélectionnez un processus important, comme la livraison des produits aux clients ou aux distributeurs, et demandez à un groupe transfonctionnel de retracer le processus et d'identifier les éventuels goulets d'étranglements et problèmes.	Surtout utile aux managers d'unités ou groupes dans lesquels le travail de différents spécialistes fonctionnels doit être intégré. Peut également être utile aux managers de niveau inférieur pour comprendre comment leurs groupes s'inscrivent dans les processus plus larges de l'organisation.
Visites d'usines et de clients	Les visites d'usines sont des occasions de rencontrer de manière informelle le personnel de production et d'écouter leurs préoccupations. Rencontrer les collaborateurs des ventes et de la production vous aidera à évaluer les capacités techniques de l'organisation. En rendant visite aux clients, leurs commentaires pourront révéler des problèmes et des opportunités.	Surtout utile aux managers de *business units*.
Projets pilotes	Acquérir une connaissance approfondie des capacités techniques, de la culture et des jeux d'influence de l'organisation. Bien que ces connaissances ne soient pas le but premier des projets pilotes, vous pourrez apprendre beaucoup de la façon dont l'entreprise ou le groupe répond à vos initiatives pilotes.	Utile aux managers de tous niveaux. La taille des projets pilotes et leur impact augmenteront naturellement avec la position hiérarchique du manager.

Votre plan consiste en un processus cyclique d'apprentissage au cours duquel vous collectez, analysez et synthétisez des informations, développez et testez des hypothèses, approfondissant ainsi progressivement votre compréhension et votre connaissance de votre nouvelle organisation. Naturellement, les connaissances spécifiques que vous décidez de rechercher varieront selon les situations. Examinez le modèle de plan d'apprentissage que nous vous proposons en encadré et décidez quels éléments sont pertinents pour vous, lesquels ne le sont pas, et ceux qui n'y figurent pas et qui pourraient vous être utiles. Dans le chapitre suivant, nous explorerons les différents types de situations de transition et nous reviendrons sur ce que vous devez apprendre et quand.

Modèle de plan d'apprentissage

Avant la prise de fonctions

- Lisez tout ce que vous pouvez concernant la stratégie de l'entreprise, sa structure, ses performances et ses collaborateurs.
- Recherchez des évaluations extérieures des résultats de l'entreprise : comment des personnes informées et objectives voient-elles l'entreprise ? Si vous êtes manager, discutez avec des personnes qui travaillent avec votre nouveau groupe comme fournisseurs ou clients.
- Trouvez des observateurs extérieurs qui connaissent bien l'organisation : anciens collaborateurs, retraités de fraîche date, et autres personnes ayant eu des relations d'affaires avec l'entreprise. Posez-leur des questions ouvertes sur l'histoire, les réseaux d'influence et la culture de l'entreprise. Si cela est possible, discutez également avec votre prédécesseur.
- Discutez avec votre nouveau supérieur.
- À mesure que vous apprenez sur votre nouvelle organisation, notez par écrit vos premières impressions et, le cas échéant, certaines hypothèses ou conclusions.
- Constituez une liste de questions initiales pour guider votre exploration structurée une fois que vous serez dans la place.

Au cours des premières semaines

- Consultez les plans opérationnels, les documents financiers et les données relatives au personnel.
- Rencontrez individuellement vos subordonnés directs et posez-leur les questions que vous avez préparées. Ces discussions vous permettront de mieux les connaître personnellement et de mettre au jour d'éventuelles divergences ou convergences de vues.
- Évaluez comment se passent les choses aux interfaces internes clés. Comment les commerciaux, les acheteurs, les chargés de clientèle, etc., perçoivent-ils les relations de votre entreprise avec ses interlocuteurs extérieurs ? Ces personnes vous permettront également de toucher du doigt des problèmes que d'autres ne voient pas.
- Testez l'alignement stratégique dans le sens haut / bas. Demandez aux dirigeants quelles sont la vision et la stratégie de l'entreprise. Ensuite, repérez jusqu'à quel niveau de l'organisation ces convictions pénètrent. Le précédent leader a-t-il su faire redescendre le message ?
- Testez les perceptions des défis et des opportunités. Commencez par demander aux collaborateurs « de la base » comment ils perçoivent les défis et les opportunités de l'entreprise. Ensuite, procédez de même en remontant les échelons hiérarchiques. Cette démarche vous aidera à savoir si les dirigeants prennent correctement le pouls de l'organisation.
- Actualisez vos questions et vos hypothèses.
- Soumettez vos hypothèses et vos conclusions à votre supérieur et discutez-en avec lui.

À la fin du premier mois

- Réunissez votre équipe pour lui faire connaître vos premières conclusions. Vous obtiendrez ainsi un feed-back précieux sur vos hypothèses et vous en apprendrez davantage sur votre équipe et ses dynamiques internes.
- Analysez à présent les interfaces extérieures clés. Comment les acteurs extérieurs (fournisseurs, clients, distributeurs et autres) perçoivent-ils votre organisation et ses forces et faiblesses ?

- Analysez deux ou trois processus clés. Réunissez des représentants des groupes concernés pour mettre à plat et évaluer les processus que vous avez sélectionnés. Vous en retirerez de précieuses informations sur la productivité, la qualité et la fiabilité.
- Rencontrez les intégrateurs clés. Vous apprendrez ainsi comment les choses fonctionnent aux interfaces entre les fonctions. Quels problèmes perçoivent-ils que les autres ne voient pas ? Repérez les « historiens naturels » et discutez avec eux. Ils vous apporteront leur connaissance de l'histoire, de la culture et du système politique au sein de l'entreprise et ils sont également des alliés et des relais d'influence potentiels.
- Actualisez vos questions et vos hypothèses.
- Retournez voir votre supérieur pour discuter avec lui de vos observations.

Apprendre sur la culture de l'organisation

Il est probable que les problèmes les plus frustrants que vous rencontrerez auront une dimension culturelle. Vous découvrirez par exemple que certains aspects de la culture existante entravent les performances. Vous devrez donc vous battre pour les faire évoluer. D'autres aspects de la culture se révèleront à l'inverse utiles et dignes d'être préservés. C'est ainsi, par exemple, qu'après avoir découvert à quel point les ouvriers de l'usine étaient motivés et fiers de leur travail, Chris Bagley a pu exploiter cette énergie pour faire progresser le site. Nul doute que les choses auraient été beaucoup plus difficiles s'il avait hérité d'un groupe de collaborateurs complaisants et hostiles.

Les habitudes et les normes culturelles sont de puissants facteurs d'immobilisme. Il est donc essentiel de repérer rapidement les éventuelles sources de problèmes et de réfléchir à des pistes de solutions. Cette démarche sera d'autant plus indispensable que vous venez d'une autre entreprise ou que vous rejoignez une unité qui possède une sous-culture forte.

Vous ne pouvez espérer changer la culture de votre entreprise si vous ne la comprenez pas. Un cadre d'analyse utile pour appréhender la culture d'une organisation consiste à l'étudier sous trois angles complémentaires : les symboles, les normes et les présupposés[1].

- Les symboles sont des signes, comme les logos et les codes vestimentaires ; ils distinguent une culture d'une autre et favorisent un sentiment de solidarité et d'appartenance. Existe-t-il des symboles qui distinguent votre unité et aident ses membres à se reconnaître ?
- Les normes sont des règles sociales partagées qui dictent les « bons comportements ». Quels comportements sont encouragés ou récompensés dans votre unité ? Lesquels suscitent le mépris ou la désapprobation ?
- Les présupposés sont les croyances, souvent non dites, qui imprègnent et sous-tendent les systèmes sociaux. Ces croyances sont l'air que chacun respire. Quelles vérités chacun considère-t-il comme acquises ?

Pour comprendre une culture, vous devez regarder sous la surface des symboles et des normes pour atteindre les présupposés. Cela exige que vous observiez attentivement la façon dont les personnes interagissent les unes avec les autres. Par exemple, les collaborateurs semblent-ils motivés par la réalisation et la récompense personnelles ou sont-ils davantage préoccupés par l'accomplissement collectif ? Le groupe semble-t-il plutôt décontracté ou marqué par un certain conformisme ? Agressif et conquérant ou plus modéré ?

Comme l'a souligné mon collègue Geri Augusto, les présupposés les plus signifiants pour les nouveaux managers concernent le pouvoir et la valeur[2]. Pour ce qui est du pouvoir, les questions à vous poser sont les suivantes : Qui les acteurs clés de votre organisation considèrent-ils comme pouvant légitimement exercer une autorité et prendre des décisions ? Que devrez-vous faire pour gagner vous aussi vos galons ? Pour ce qui est de la valeur, quelles actions les collaborateurs considèrent-ils comme créatrices (destructrices) de valeur ? À White Goods, par exemple, le personnel était fier de fabriquer des produits de grande qualité ; décider brutalement de repositionner l'entreprise sur un marché de masse aurait donc vraisemblablement suscité des résistances. Lorsque les présupposés sur le pouvoir et la valeur diffèrent d'une population de l'entreprise à l'autre, entre ouvriers et managers par exemple, l'alignement de l'organisation est plus difficile. Un certain niveau de divergence est naturellement inévitable. Le danger est que le fossé devienne trop important pour pouvoir être comblé par la communication et la négociation.

Organisation, activité, aire géographique : trois perspectives

On peut également envisager la culture à partir des trois perspectives complémentaires que sont l'organisation, le métier ou l'activité et l'aire géographique. En lisant les descriptions suivantes, imaginez que vous observez chaque aspect de la culture à travers le zoom d'un appareil photo. Commencez par faire un gros plan sur la culture organisationnelle, puis élargissez progressivement le plan pour discerner la culture sectorielle et enfin la culture géographique.

Culture organisationnelle

La culture d'un groupe ou d'une organisation se développe au fil du temps, ce qui explique qu'elle soit souvent très profondément enracinée. La culture organisationnelle s'exprime à travers la façon dont les individus se comportent les uns envers les autres (de manière amicale, formelle, décontractée), les valeurs qu'ils partagent (honnêteté, compétitivité, engagement), les routines auxquelles ils obéissent lorsqu'ils sont en réunion et échangent des informations, et ainsi de suite.

Les cultures organisationnelles varient au sein d'un même secteur d'activité et entre secteurs. Par exemple, les managers d'une société connue de produits de consommation traditionnels seront plus à l'aise avec des processus et des systèmes très élaborés que les managers d'une start-up dans le même secteur. Le dirigeant d'une société pétrolière se sentira déstabilisé s'il travaille dans une entreprise de mode.

Culture « métier »

En tant que groupe, les managers partagent également des caractéristiques culturelles qui les distinguent d'autres groupes professionnels comme les ingénieurs, les assistants administratifs et les médecins ou les enseignants. Ce qui ne signifie pas que tous les managers se ressemblent. Vous avez sans doute eu l'occasion d'observer des différences culturelles considérables au sein des fonctions de l'entreprise et entre elles.

Par exemple, les managers financiers ont une vision du monde très différente de celles des managers marketing ou de la R&D. Cela tient en partie au fait qu'ils n'ont pas suivi la même formation.

Culture géographique

C'est l'aire géographique qui peut être la source des différences culturelles les plus importantes. Dans un même pays, les particularismes régionaux sont bien souvent légion, et le monde de l'entreprise et des affaires n'y échappe pas. Le phénomène est encore plus évident et prononcé entre deux pays. Les managers américains, par exemple, tendent à travailler avec une culture individualiste là où les managers japonais mettent l'accent sur des valeurs et des comportements plus collectifs.

Rejoindre de nouvelles cultures

Si vous rejoignez une nouvelle entreprise dans le même secteur, ou dans un autre secteur (des services financiers à l'agroalimentaire, par exemple), il est plus que probable que vous serez confronté à des changements culturels d'ordre organisationnel.

Votre nouveau poste peut vous conduire à intégrer une nouvelle fonction (passer des opérations au marketing, par exemple) ou à accéder à un niveau de responsabilités totalement nouveau (d'un poste de responsabilités fonctionnelles à un poste de management général, par exemple). Vous aurez alors à faire face à ce que nous avons appelé des changements culturels « métier » ou d'ordre professionnel – d'autres normes et d'autres modes de pensée au sein de la même organisation.

Si vous prenez un poste dans une division de votre entreprise située dans une autre région, une autre ville ou un autre pays, attendez-vous à observer des changements culturels d'ordre géographique.

Ces différents types de changements culturels peuvent se superposer et se renforcer les uns les autres (voir Figure 2.2). Par exemple, si vous rejoignez une nouvelle entreprise qui est en outre située dans une ville ou une région différente de celle où vous travailliez jusque-là, vous serez confronté à des changements culturels d'ordre organisationnel et d'ordre géographique. Il est utile d'évaluer les défis culturels d'adaptation qui vous attendent sur chacune des dimensions que nous venons de voir, sur une échelle de 1 à 10. Sur la dimension organisationnelle, 10 correspond au passage d'une organisation très centralisée et orientée sur les processus à une organisation décentralisée et orientée sur les relations. Sur la dimension de la culture professionnelle, 10 correspondrait par exemple à un passage de la finance aux ressources humaines, et vice versa. Enfin, sur la dimension géographique, 10 correspond à une mutation de Minneapolis à Tokyo. Si le total de ces trois chiffres est égal ou supérieur à 15, vous êtes confronté à un changement culturel majeur. Pour éviter les faux pas, vous devrez consacrer suffisamment d'énergie à comprendre la ou les nouvelles cultures et à vous y adapter.

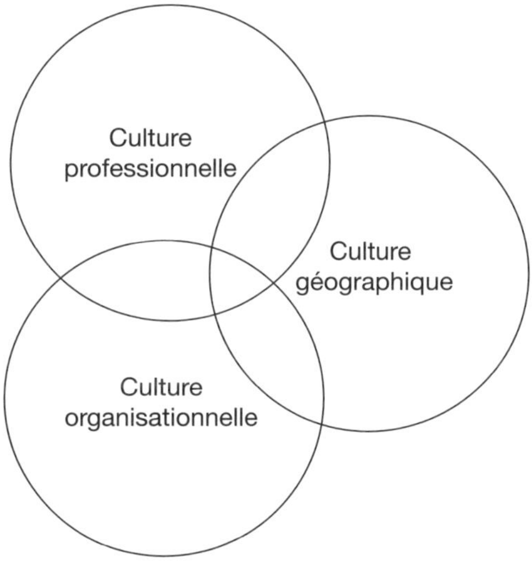

Figure 2.2 : Croisement des dimensions culturelles

S'adapter ou transformer ?

Après avoir identifié le type de culture organisationnelle que vous vous apprêtez à rejoindre, vous devez décider si vous allez vous y adapter ou faire évoluer la culture en question. Quel que soit le contexte, vous devrez comprendre l'impact des caractéristiques culturelles existantes sur votre situation et, en particulier, identifier celles qui contribuent à la performance et celles qui y font obstacle. Votre réussite future dépend de votre capacité à faire la différence – et à agir en conséquence.

Boucler la boucle

Vos priorités et vos stratégies d'apprentissage évolueront inévitablement à mesure que vous acquerrez une connaissance plus approfondie de l'organisation. Lorsque vous entrerez réellement dans le vif du sujet – c'est-à-dire lorsque vous commencerez à travailler avec votre nouveau supérieur ou que vous essayerez de repérer les gisements potentiels de victoires rapides, ou que vous entreprendrez la construction de coalitions de soutien –, il sera absolument essentiel que vous enrichissiez encore vos connaissances. Nous vous conseillons donc de revenir régulièrement à ce chapitre pour réévaluer votre projet d'apprentissage et créer de nouveaux plans d'apprentissage.

POUR ACCÉLERER LA TRANSITION

1. Êtes-vous capable d'apprendre à propos de nouvelles organisations ? Succombez-vous parfois à la tentation de l'action ? Ou à celle d'arriver avec « la » réponse ? Si oui, qu'allez-vous faire pour corriger ces travers ?
2. Quel est votre projet d'apprentissage ? Sur la base de vos connaissances actuelles, dressez une liste de questions pour vous aider dans vos premières explorations. Si vous avez déjà établi un certain nombre d'hypothèses sur la situation de votre future organisation, quelles sont-elles et comment envisagez-vous de les tester ?
3. Étant donné les questions auxquelles vous souhaitez répondre, quels interlocuteurs sont le plus susceptibles de vous apporter des connaissances directement utilisables ?
4. Comment pourriez-vous améliorer l'efficacité de votre processus d'apprentissage ? Quelles pistes explorer pour mieux rentabiliser votre investissement en temps et en énergie et pour obtenir des informations plus utiles ?
5. Jetez les bases de votre plan d'apprentissage à partir de vos réponses aux questions ci-dessus.

Chapitre 3

ADAPTEZ LA STRATÉGIE AU CONTEXTE

Récemment nommée à la direction de la division produits industriels d'un grand groupe international, Claire Weeks se félicitait d'avoir rejoint un département aussi performant. Elle pensait que l'unité était suffisamment forte pour poursuivre sur la voie de la croissance à deux chiffres qu'elle connaissait depuis quatre ans – d'autant plus que plusieurs produits prometteurs étaient en cours de développement. Se fiant à ses premières évaluations, Claire fit donc siens les objectifs ambitieux définis par son prédécesseur.

Claire découvrit bientôt que la réalité était moins rose. Les résultats éblouissants de la division cachaient en fait d'importants problèmes structurels, au niveau des prix et des stocks, et des relations tendues avec les distributeurs. Tout portait à croire que son prédécesseur avait hypothéqué l'avenir de l'unité pour mieux dorer son propre blason...

Bien que surmontables, ces difficultés n'en compliquaient pas moins la tâche de Claire et faisaient craindre à la jeune femme de ne pouvoir atteindre ses objectifs. Au lieu d'aller voir le PDG, de lui expliquer le problème et de prendre le taureau par les cornes, toutefois, Claire décida de temporiser. Elle pensait pouvoir tenir le cap de la croissance attendue en augmentant les prix et en réalisant des acquisitions pour maintenir les résultats jusqu'au lancement d'un nouveau produit phare.

Se débattant pour tenir ses objectifs de résultats, Claire commit plusieurs faux pas qui entamèrent sa crédibilité. Elle s'aliéna les distributeurs du groupe en leur imposant des hausses de prix. Elle prit plusieurs mauvaises décisions en voulant accélérer les lancements des nouveaux produits clés. Réalisant qu'elle n'atteindrait pas ses objectifs grâce à la croissance interne, elle essaya, sans succès, de réaliser une acquisition majeure. Tous les problèmes de Claire, on l'aura compris, découlaient d'une analyse erronée de la situation initiale de sa division. Convaincue qu'elle héritait d'une unité en bonne santé, elle accepta des objectifs de croissance trop ambitieux. La réalité, c'est que l'unité avait besoin d'une sérieuse redéfinition. Refusant de voir cette réalité, et de négocier avec son supérieur une révision à la baisse de ses objectifs, Claire s'enferra dans ses choix. Lorsqu'il devint évident que le PDG n'avait plus confiance en sa capacité à diriger la division, elle démissionna.

Nombreux sont les nouveaux responsables qui, à l'instar de Claire Weeks, évaluent mal la situation dont ils héritent et engagent des stratégies inadaptées. Ils commettent des erreurs qu'ils auraient pu éviter, ainsi de l'entêtement de Claire à atteindre des objectifs irréalistes. Si ce scénario est aussi fréquent, c'est en grande partie parce que les individus modèlent leurs transitions sur un éventail restreint d'expériences.

Si vous avez cédé aux mêmes démons que Claire, votre apprentissage de la transition a été pénible et douloureux. Vous avez commis des erreurs, dont vous avez tiré les enseignements. Si vous êtes plus chanceux, d'autres dirigeants, des mentors et des conseillers vous ont fait partager leurs expériences. Avec le temps, vous vous êtes probablement fait une idée plus précise des pièges à éviter et des précautions à prendre. Quelles règles vous êtes-vous forgé ? Et, plus important, s'appliquent-elles à votre situation actuelle ? Avant d'aller plus loin, prenez quelques minutes pour mettre noir sur blanc vos propres règles pour réussir une prise de poste.

À présent, prenez du recul et réévaluez la validité de ces règles. Sont-elles robustes, facilement traduisibles en actions ? Votre récent changement de poste tend à suggérer que votre approche a bien fonctionné jusqu'ici, mais ce ne sera peut-être plus le cas si vos nouvelles fonctions vous emmènent plus haut dans la hiérarchie ou si vous prenez en charge une situation dont vous n'êtes pas familier.

Même si vous possédez une bonne expérience des fonctions de l'entreprise (marketing, opérations, R&D et finances), votre expérience des différents types de contextes (démarrage, redressement, redéfinition, pérennisation), elle, est en revanche peut-être limitée.

Si Claire Weeks avait conduit un diagnostic méthodique de la situation de sa division, elle aurait pu éviter les problèmes qu'elle a connus. Adapter votre stratégie au contexte exige une analyse rigoureuse de l'organisation et de sa situation. Alors seulement pourrez-vous avoir une idée précise non seulement des défis mais aussi des opportunités et des ressources qui s'offrent à vous.

Diagnostiquer la situation de l'organisation

Les quatre grands types de situations auxquels les nouveaux managers peuvent être exposés sont les suivants : start-up, redressement, redéfinition et pérennisation. (Nous désignerons désormais cette typologie des transitions sous le nom de « modèle ST_ARS ».) Un panorama des caractéristiques de chaque type et des défis et opportunités qui leur sont associés vous aidera à identifier les caractéristiques structurelles clés de votre propre situation.

Quels sont les traits types des quatre contextes ST_ARS ? Dans un contexte de start-up, votre tâche est de rassembler les capacités (hommes, financements et technologies) pour lancer un nouveau produit, une nouvelle entreprise ou un nouveau projet. Dans un redressement, vous prenez en charge une unité ou un groupe en difficulté, que vous êtes chargé de remettre sur la bonne voie. Ces deux contextes appellent un travail de « bâtisseur » nécessitant un apport de ressources important : les infrastructures et les capacités sur lesquelles vous pouvez vous appuyer sont généralement limitées. Vous devrez souvent partir de zéro. Mais dans les deux cas, vous devrez prendre rapidement des décisions ardues.

Dans les contextes de redéfinition et de pérennisation, en revanche, vous rejoignez des organisations dotées d'atouts significatifs mais aussi de contraintes non négligeables qui limitent votre marge de manœuvre. Dans un contexte de redéfinition, votre mission est de remettre sur les rails une unité, un produit, un process ou un projet qui connaissent des difficultés. Dans une situation de pérennisation, enfin, vous devez préserver la vitalité d'une organisation performante et la conduire vers la phase suivante de son développement. Pour dire les choses autrement, dans une redéfinition, il faut réinventer l'activité, et dans une pérennisation, inventer les défis. Dans les deux contextes, vous disposez en général de temps avant de devoir prendre des décisions majeures, ce qui est une excellente nouvelle parce que vous devrez en apprendre énormément sur la culture et les dynamiques politiques internes de l'organisation et commencer à bâtir des coalitions de soutien.

Appliquer cette grille de lecture à l'unité que vous rejoignez vous sera utile quel que soit votre niveau dans l'organisation : nouveau PDG d'une entreprise en mode start-up, superviseur chargé de gérer une nouvelle ligne de production, manager de marque prenant en charge le lancement d'un nouveau produit, chef d'une équipe de R&D responsable du projet de développement d'un nouveau produit ou manager informatique responsable de la mise en place d'un nouveau système logiciel pour l'entreprise. Toutes ces situations, cela ne vous aura pas échappé, présentent les caractéristiques d'une start-up. De la même manière, on retrouve des situations de redéfinition, de redressement et de pérennisation à tous les niveaux de l'entreprise, dans les grandes comme dans les petites structures.

En quête du passé

Les relations entre ces quatre contextes sont décrites dans le modèle ST_ARS d'évolution du cycle de vie d'une entreprise, représenté en Figure 3.1. Les entreprises (et, en l'occurrence, les projets, les process, les produits et les usines) tendent en effet à passer de manière prévisible d'un type de situation à l'autre. Comprendre l'histoire de votre nouvelle organisation vous aidera à saisir les défis et les opportunités de votre situation.

Commençons donc par nous intéresser aux... start-up, ou démarrages. Les start-up qui réussissent grandissent et se développent jusqu'à parvenir à un stade de pérennisation. Souvent, les individus qui ont porté le lancement quittent la structure pour se consacrer à d'autres start-up et des managers plus expérimentés dans la gestion et le pilotage d'entreprises plus grandes prennent la relève. Ces entreprises qui réussissent peuvent à leur tour donner naissance à des start-up internes à mesure qu'elles se diversifient

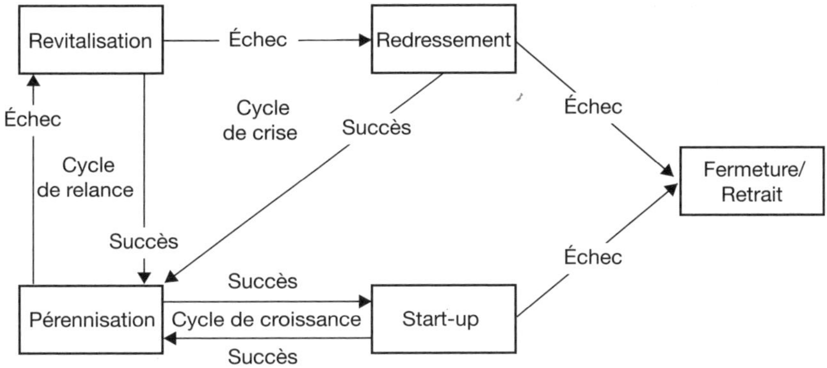

Figure 3.1 : Le modèle ST_ARS

dans de nouveaux produits, services, process ou technologies. Ce faisant, les entreprises en bonne santé entrent dans un cycle de croissance.

Mais l'entropie s'accroît. La réussite, à cause d'une forme de complaisance interne ou sous la pression de défis extérieurs, voire des deux, est souvent suivie par une descente aux enfers. Même si l'organisation n'est pas encore en crise, les observateurs les plus perspicaces voient s'amonceler les gros nuages noirs annonciateurs de tempête qui indiquent qu'une redéfinition s'impose. C'est la situation à laquelle était confrontée Claire Weeks, qui n'a pas su l'identifier suffisamment tôt. La redéfinition d'une organisation s'accompagne généralement d'une réaffectation de ses ressources, en abandonnant par exemple des lignes de produits vieillissantes et en développant de nouvelles technologies. Il sera souvent nécessaire de faire évoluer en profondeur la stratégie, la structure, les compétences et même la culture de l'organisation. Remise sur pied, l'entreprise peut alors retrouver la voie de la pérennisation, ce que nous appelons dans le modèle le « cycle de relance ». L'un des principaux obstacles à la redéfinition est la dynamique de déni dans laquelle se trouvent de nombreux collaborateurs qui, comme Claire Weeks, refusent de regarder la réalité en face. Alors même qu'ils courent à la catastrophe, ils continuent à croire que l'entreprise va bien et qu'il suffit de poursuivre sur la même voie.

Si les efforts de redéfinition échouent, c'est bien souvent un redressement pur et simple qui attend l'entreprise. C'est notamment le cas lorsque les managers en place n'ont pas su prendre la pleine mesure de la nécessité de la redéfinition. (Les entreprises, en effet, passent rarement directement de la pérennisation au redressement.) Quelles qu'en soient les raisons, chacun se voile la face, refusant d'envisager le moindre changement alors même que les signaux alarmants se multiplient : l'entreprise perd de l'argent, ses meilleurs collaborateurs quittent le navire, etc. Redresser une entreprise (ou un produit, un process...) sur le déclin exige du nouveau manager qu'il la ramène rapidement à ce que nous appelons un « noyau défendable », à partir duquel il pourra la reconstruire. Ce processus douloureux, s'il porte ses fruits, remet l'entreprise dans une situation de pérennisation, comme l'indique le cycle de crise sur la Figure 3.1. S'il échoue, c'est la fermeture pure et simple ou le désengagement.

La compréhension de ce cycle est essentielle à votre action. Comment savoir où vous devez conduire une entreprise si vous ne savez pas par où elle est passée ni comment ? Dans une redéfinition, par exemple, il est fondamental de comprendre ce qui a fait la réussite de l'entreprise par le passé et pourquoi elle a sombré dans les difficultés. Pour appréhender correctement la situation, vous devez coiffer votre chapeau d'historien.

Identifier les défis et les opportunités

Quelle que soit la situation ST_ARS dont vous héritez, votre objectif ultime est le même : une organisation qui réussit et se développe. Mais chaque type de transition présente un ensemble distinct de défis. Si vous prenez la succession du responsable d'une unité très performante, le défi qui vous attend est de la piloter à votre manière tout en préservant ce qu'il y a de bon dans l'organisation. Si vous vous retrouvez dans une situation de start-up – lancement d'un nouveau produit, par exemple –, votre tâche sera de créer l'organisation. Si vous êtes confronté à un contexte de redéfinition, vous devrez convaincre de la nécessité du changement.

Chaque situation présente en outre des opportunités particulières sur lesquelles vous pourrez vous appuyer pour mettre en mouvement l'organisation. Dans une situation de redressement, chacun a conscience que des changements doivent être rapidement introduits.

Cette intelligence collective de la situation peut vous aider à avancer dans la bonne direction. Dans les situations de redéfinition telles que celle rencontrée par Claire Weeks, il est probable que l'entreprise possède toujours un certain nombre de points forts – collaborateurs, produits et technologies notamment. En repérant ces îlots d'excellence, vous maîtriserez les briques de base à partir desquelles bâtir les transformations nécessaires.

Bien que toute situation soit unique, chaque type de transition présente des défis et des opportunités spécifiques, résumés dans le Tableau 3.1.

Tableau 3.1 : Défis et opportunités des types de transition

Type de transition	Défis	Opportunités
Start-up	- Bâtir les structures et les systèmes de zéro, sans orientation ni frontières précises. - Constituer une équipe performante et soudée. - Se débrouiller avec des ressources limitées.	- Vous pouvez agir dès le début. - Les individus sont motivés par les perspectives. - Les collaborateurs sont ouverts et libres de schémas antérieurs sclérosants.
Redressement	- Redynamiser des collaborateurs et d'autres parties prenantes démoralisés. - Gérer l'urgence et avoir un impact décisif et rapide. - Oser prendre des décisions difficiles au niveau du personnel.	- Tout le monde sait que le changement est nécessaire. - Les partenaires concernés (fournisseurs qui souhaitent que l'entreprise poursuive ses activités) peuvent vous apporter un soutien extérieur précieux. - Les petites victoires ont un impact considérable.

Type de transition	Défis	Opportunités
Redéfinition	- Remettre en question des normes culturelles profondément enracinées qui ne contribuent plus à de bonnes performances. - Convaincre les collaborateurs que le changement est nécessaire. - Restructurer l'équipe dirigeante et réorienter l'entreprise.	- L'organisation possède des poches de points forts importantes. - Les gens veulent apporter leur pierre pour pouvoir se dire qu'ils réussissent.
Pérennisation	- Jouer une bonne défense en évitant les décisions qui suscitent des problèmes. - Vivre dans l'ombre d'un leader révéré et gérer l'équipe qu'il ou elle a créée. - Trouver des moyens d'amener l'entreprise vers la phase suivante de son développement.	- Une équipe forte est peut-être déjà en place. - Les gens veulent réussir. - Les fondations de la réussite future (projets de développement produits, par exemple) sont peut-être déjà en place.

Transformer la psychologie de l'organisation

À chaque type de situation ST_ARS correspondent certaines attitudes et émotions individuelles. Les participants à un démarrage (d'activité, de produit...) seront vraisemblablement plus enthousiastes et plus conquérants que les membres d'un groupe en difficulté confronté à l'échec. Mais dans le même temps, les collaborateurs d'une start-up sont généralement moins concentrés sur les enjeux clés que ceux d'un redressement, tout simplement parce que la vision, la stratégie, les structures et les systèmes qui pilotent l'énergie collective ne sont pas encore en place. Les membres d'une organisation qui vit un redressement savent où se situent les problèmes, mais ne savent pas comment les résoudre.

Dès lors, la réussite d'une transition dépend en partie de votre capacité à faire évoluer la psychologie organisationnelle existante. Dans les start-up, le mode dominant est souvent celui d'un enthousiasme brouillon, et votre tâche sera de canaliser cette énergie dans des directions productives, en mettant des limites précises au champ d'intervention de l'organisation. Dans les redressements, vous hériterez peut-être d'un groupe d'individus proches du désespoir ; à vous de leur montrer le bout du tunnel. Lors de redéfinitions, vous devrez probablement percer le voile de déni qui empêche les collaborateurs de regarder en face la nécessité de réinventer l'entreprise. Enfin, dans les contextes de pérennisation, vous devrez « inventer le défi » en trouvant des façons d'entretenir la motivation des collaborateurs, de combattre la complaisance et d'identifier de nouvelles pistes de croissance – tant pour l'organisation que pour les individus.

Diriger avec les bonnes compétences

Les compétences de management nécessaires pour réussir diffèrent elles aussi selon les situations ST_ARS. Les start-up et les redressements exigent des « chasseurs », des individus capables de se déplacer rapidement et de prendre des risques. Dans les redressements, par exemple, le plus important est de conduire un diagnostic rapide de la situation de l'entreprise (marchés, technologies, produits, stratégies), puis de ne pas hésiter à prendre les décisions qui s'imposent pour ramener l'organisation à un noyau défendable. Vous devrez agir vite et résolument, souvent sur la base d'informations incomplètes.

Les compétences qui contribuent à la réussite des redéfinitions et des pérennisations sont quant à elles plus proches de celles du cultivateur. Des compétences d'influence plus subtiles entrent en jeu : les cultivateurs de talent font porter leurs efforts sur la compréhension de la culture et des jeux politiques à l'œuvre dans l'organisation. Ils ne ménagent pas non plus leur peine pour communiquer la nécessité du changement, en favorisant le débat, influençant les leaders d'opinion et encourageant le *benchmarking*.

Pour dire les choses autrement, dans les redressements, les problèmes éveillent les individus à la nécessité de conduire des changements majeurs. Dans les redéfinitions, en revanche, c'est vous qui devez sensibiliser les individus aux problèmes. Les redressements sont également des situations qui vous imposent de « tirer sans viser » : vous prenez les décisions difficiles alors que votre connaissance de l'organisation est encore très limitée, puis vous ajustez votre action au fur et à mesure de votre apprentissage. Les redéfinitions (et les pérennisations) sont en revanche des situations où vous pouvez prendre le temps de viser avant de tirer. L'urgence est moindre mais il est plus important de comprendre l'organisation, de bâtir la bonne stratégie et de vous constituer un réseau d'alliés, et de prendre dès le début un nombre limité de bonnes décisions.

Chaque type de transition présentant des défis spécifiques, on ne s'étonnera pas que les chasseurs trébuchent parfois lorsqu'ils ont à conduire une redéfinition ou une pérennisation et que les cultivateurs aient du mal à piloter des démarrages et des redressements. L'individu ayant acquis une solide expérience des redressements à qui on confie une situation de redéfinition risque d'arriver en pays conquis et d'agir trop vite, provoquant ainsi inutilement des résistances. À l'inverse, un dirigeant aguerri aux redéfinitions qui doit conduire un redressement risque de prendre trop de temps avant d'agir, dépensant une énergie précieuse à bâtir un consensus lorsque cela n'est pas nécessaire.

Non que les bons chasseurs ne soient pas capables de cultiver et vice versa. Les bons managers peuvent réussir dans les quatre situations ST_ARS, même si chacun est inévitablement plus à l'aise dans certains contextes que dans d'autres. Mais il est fondamental de vous livrer à un petit exercice d'introspection sans concession pour déterminer quelles compétences et quelles inclinaisons vous seront utiles dans la situation qui est la vôtre et lesquelles risquent de vous mettre en difficulté. N'arrivez pas avec votre lance si vous devez labourer.

Cibler vos efforts

Définir le type de situation dont vous héritez vous aidera à décider ce que vous devez faire au cours de vos 90 premiers jours. Avoir une vision claire des choses vous permettra en particulier de faire rapidement trois choix fondamentaux :

1. Quelle importance accorderez-vous à l'apprentissage par opposition à l'action ?
2. Mettrez-vous l'accent plutôt sur l'attaque ou sur la défense ?
3. Que devez-vous faire pour obtenir rapidement de petites victoires ?

Apprendre ou agir

Devez-vous consacrer davantage de temps à approfondir votre connaissance de la nouvelle organisation ou à prendre des décisions, introduire des changements, recruter de nouveaux collaborateurs, et ainsi de suite ? Le juste équilibre d'apprentissage et d'action diffère notablement d'une situation ST_ARS à l'autre. Dans les redressements et les start-up, l'accent doit être mis sur l'action. Vous devez prendre des décisions précoces sans disposer de toute l'information nécessaire. Si vous consacrez trop de temps à apprendre, vous serez dépassé par les événements et un cercle vicieux se mettra en place. Vous devrez tirer sans être sûr à 100 % de votre cible, et puis ajuster vos actions en conséquence.

Non que l'apprentissage ne soit pas important dans les contextes de redressement et de start-up. Mais le savoir requis dans ces situations est essentiellement d'ordre technique : il s'agit de maîtriser rapidement tout ce qui relève de la dimension technique de l'organisation – produits, marchés, projets, technologies et stratégies. C'est le type d'apprentissage le plus facile, celui aussi que l'on peut conduire le plus rapidement.

Dans les situations de redéfinition et de pérennisation, par contre, l'accent doit être mis d'emblée sur l'apprentissage, notamment parce que vous avez en face de vous des personnes qui ont, ou pensent qu'elles ont, réussi. Elles n'ont peut-être ni envie de changer ni envie de s'en remettre à votre leadership. Les erreurs précoces, en particulier si elles sont perçues comme mettant en danger les forces traditionnelles de l'entreprise, vous coûteront très cher. La bonne nouvelle, c'est que vous aurez du temps pour apprendre. Dans ces contextes, en effet, rien n'oblige à l'urgence. Vous pourrez donc vous permettre de viser soigneusement avant de tirer vos premiers coups décisifs.

Il est indispensable, en revanche, d'explorer en profondeur la culture et les dynamiques politiques de l'entreprise. Si, à l'instar de Chris Bagley dans le chapitre précédent, vous ne consacrez pas le temps nécessaire à comprendre ces dimensions, vous mettrez fatalement le pied sur des mines. Comme vous ne l'ignorez pas, ce type d'apprentissage exige du temps et de la détermination. Heureusement, vous avez pour vous cet allié rare et précieux qu'est le temps

– sous réserve, naturellement, que vous ne cédiez pas, comme l'a fait Claire Weeks, à l'impératif de l'action.

Attaque ou défense

Au début, combien de temps devrez-vous accorder à la planification offensive d'une part – identifier de nouveaux marchés et développer de nouveaux produits et technologies – et combien de temps devrez-vous consacrer à jouer une bonne défense – parts de marché, gammes de produits –, d'autre part ?

Naturellement, il vous faudra être actif sur les deux fronts dans tous les contextes. Néanmoins, l'importance relative que vous devrez initialement accorder à la défense et à l'attaque est très variable. Dans une start-up, par exemple, tout se joue sur le mode offensif : vous êtes là pour faire démarrer quelque chose de nouveau et il n'y a généralement rien à défendre. Dans un redressement, au contraire, l'impératif initial est une bonne défense. Vous devez identifier les points forts de l'organisation et la ramener à un noyau défendable qui puisse contribuer à générer des ressources financières qui soutiendront vos actions ultérieures. C'est alors seulement que vous pourrez passer à l'attaque et commencer à repérer et à développer de nouvelles plateformes de croissance.

Les situations de redéfinition et de pérennisation diffèrent elles aussi. Dans une redéfinition, il s'agit de corriger la trajectoire de l'entreprise pour lui faire prendre une nouvelle direction. Vous devrez défendre les marchés existants, bien entendu, mais c'est au nouveau plan offensif que vous devrez consacrer le meilleur de votre énergie et de vos ressources. Dans les situations de pérennisation, la clé est de jouer une bonne défense dès le début, afin de ne pas mettre en péril les joyaux de la couronne. Au fil du temps, vous vous attellerez à poursuivre le développement de l'entreprise.

La matrice présentée en Figure 3.2 indique sur quels éléments faire porter vos efforts initiaux dans chaque contexte.

Vous assurer des victoires précoces

Pour mettre en mouvement votre organisation et créer une dynamique positive, vous devez obtenir rapidement des victoires – commencer à faire vos preuves en quelque sorte. Mais selon les contextes, ce que recouvre une « victoire » changera du tout au tout.

	Plus d'attaque	Plus de défense
Plus d'apprentissage	Redéfinition	Pérennisation
Plus d'action	Start-up	Redressement

Figure 3.2 : Ciblez vos efforts

Pour une start-up, mettre la bonne équipe en place et définir une orientation stratégique précise sont des victoires clés. Il est essentiel en effet de définir ce que vous *ne ferez pas*, puis de maintenir votre organisation dans ses rails. Dans les redressements, mettre en place la bonne équipe est également une victoire clé potentielle ; il faut aussi identifier rapidement le noyau défendable de l'entreprise et prendre les décisions qui s'imposent pour y ramener l'organisation. Dans une redéfinition, faire accepter à l'organisation la nécessité de changer et y instiller un sentiment d'urgence constituent souvent des victoires initiales importantes. Enfin, dans une situation de pérennisation, comprendre ce qui a fait la réussite de l'entreprise, et faire savoir aux autres que vous l'avez compris, sera dans bien des cas une victoire clé parce que vous y gagnerez une légitimité à prendre des décisions qui engagent l'avenir de l'entreprise.

Analyser votre portefeuille

La situation dont vous hériterez sera rarement un parfait exemple de démarrage, de redressement, de redéfinition ou de pérennisation. Si le contexte peut globalement être rattaché à l'une ou l'autre de ces catégories, dès que vous creuserez un peu plus profond, vous découvrirez très probablement que vous gérez un portefeuille – de produits, de projets, de process, d'usines ou de collaborateurs – au sein duquel coexistent plusieurs situations ST$_{A}$RS. Par exemple, vous prenez la direction d'une entreprise qui connaît une croissance incrémentielle avec des produits qui se vendent bien et au sein de laquelle un groupe est en train de lancer une nouvelle ligne de produits basée sur une technologie innovante. Ou vous êtes chargé de redresser une entreprise qui dispose de deux usines très performantes, à la pointe de la technologie.

La dernière étape du diagnostic, dès lors, consistera à identifier la catégorie ST$_{A}$RS à laquelle peuvent être rattachés les différents éléments du contexte organisationnel. Cet exercice vous permettra d'isoler les défis et les opportunités que recèle chacun et de disposer d'un cadre cohérent pour expliquer à votre nouvelle équipe pourquoi vous projetez de gérer différemment chaque élément, et comment.

En utilisant la Figure 3.3, affectez chaque élément de votre nouveau portefeuille (produits, process, usines et collaborateurs) au contexte ST$_{A}$RS correspondant. Étant donné cette répartition, comment allez-vous gérer chaque élément ? Que doivent-ils vous apporter ? Que devez-vous leur apporter ?

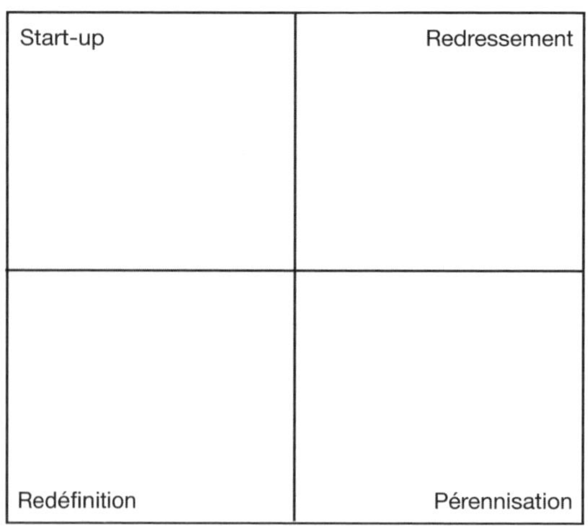

Figure 3.3 : Diagnostiquez votre portefeuille

Récompenser le succès

Le cadre d'analyse ST$_{A}$RS a des implications sur la façon dont vous devez évaluer et récompenser les collaborateurs qui travaillent avec vous. Lorsqu'on demande à des groupes de nouveaux managers quel est le type de transition le mieux récompensé en cas de réussite, c'est le redressement qui est le plus souvent cité. *A contrario*, ce sont les redéfinitions réussies qui sont perçues comme les moins bien récompensées.

Cela n'a rien de surprenant. Un redressement réussi est un accomplissement individuel visible et facilement mesurable, tout comme l'est un lancement réussi. Dans une redéfinition, en revanche, la réussite consiste à éviter le désastre. Les résultats sont difficiles à mesurer. Qui plus est, la réussite passe par une prise de conscience collective, impulsée par le manager, de la nécessité de changer – c'est donc au groupe, davantage qu'au seul manager, qu'en est bien souvent attribué le mérite. Pour ce qui est de saluer le succès d'une pérennisation, les gens téléphonent rarement à leur compagnie d'électricité pour leur dire : « Merci d'avoir laissé la lumière allumée aujourd'hui. » Mais il va sans dire qu'en cas de panne de courant, les protestations sont immédiates et tonitruantes.

Couvrir des individus d'éloges parce qu'ils ont réussi à redresser une entreprise en difficulté a quelque chose de paradoxal. Rares sont les managers à haut potentiel qui s'intéressent aux redéfinitions, la plupart leur préfèrent l'action et la reconnaissance associées aux redressements (et aux start-up). En outre, à qui, précisément, faut-il attribuer le mérite d'avoir empêché une entreprise de se retrouver en situation de redressement ? Y a-t-il un lien entre le fait que les entreprises récompensent les redressements (et ne sachent pas comment récompenser les redéfinitions) et la propension des entreprises à connaître une crise ? Car les managers expérimentés peuvent apparemment compter sur des individus moins aguerris qu'eux pour mettre des entreprises en difficulté et leur offrir des occasions en or d'arriver en sauveurs sur leur blanc destrier. Le successeur de Claire Weeks ne pouvait que passer pour un génie.

Plus largement, chaque contexte $ST_{A}RS$ appelle un mode particulier de récompense. La performance des managers chargés d'un démarrage ou d'un redressement est plus facile à évaluer parce qu'on dispose de résultats mesurables sur des points de comparaison préalablement définis.

Évaluer la réussite et l'échec dans les situations de redéfinition et de pérennisation est nettement plus problématique. Dans une redéfinition, la performance peut être meilleure que prévue tout en restant médiocre. Ou on peut avoir l'impression qu'il ne se passe pas grand-chose parce qu'une crise a été évitée. Les situations de pérennisation soulèvent des difficultés d'évaluation similaires. La réussite peut consister en une petite perte de parts de marché face à l'attaque concertée de plusieurs concurrents ou en une croissance de quelques points dans une activité parvenue à maturité. Ce que l'on ne sait pas, dans les situations de redéfinition, c'est ce qu'il se serait produit si d'autres actions avaient été engagées ou si d'autres personnes avaient été nommées. Il n'y a pas de réel point de comparaison. Mesurer le succès dans ce type de situations est donc plus compliqué parce que pour évaluer la pertinence de sa stratégie vous devez posséder une connaissance approfondie des défis qu'affronte le nouveau manager et des actions qu'il choisit d'engager.

Adopter le développement en 4 D

Enfin, le cadre d'analyse ST_ARS est également un outil précieux de gestion des ressources humaines de votre organisation. Il devra alors être intégré à une démarche plus large, à quatre dimensions, de développement des individus à haut potentiel. Ces quatre dimensions sont :

1. Les fonctions managériales ;
2. Les régions géographiques ;
3. Les tournants de carrière ;
4. Les situations ST_ARS.

Les grandes entreprises font beaucoup pour enrichir l'expérience de leurs managers à haut potentiel dans les deux premières dimensions : exposition à diverses fonctions de management (marketing, opérations, ressources humaines et finance par exemple) et à des expériences internationales (*via* des mutations à l'étranger). On observe en outre que les entreprises sont également de plus en plus attentives à gérer le développement du management dans la troisième dimension, la préparation des managers aux tournants décisifs de leur vie professionnelle. Comme l'ont souligné Ram Charan et ses collègues, les managers sont confrontés à des points de rupture clés lorsqu'ils passent de leur premier poste de manager à un poste de « manager de managers », et ainsi de suite jusqu'aux fonctions de dirigeant d'entreprise[1]. Les règles du jeu et les compétences requises changent considérablement d'un échelon à l'autre.

La quatrième dimension du développement des managers à haut potentiel, une exposition large aux différentes situations ST_ARS, devrait être directement prise en compte dans les plans de succession et de développement. Souhaitez-vous disposer d'une écurie de spécialistes – des redressements et des start-up par exemple – ou plutôt de managers capables de chasser et de cultiver dans une grande diversité de contextes ? Dans le premier cas de figure, vous devez sélectionner des spécialistes présentant de bonnes dispositions et leur confier des responsabilités de plus en plus importantes dans les situations en question. Si vous êtes dans le second cas, alors, vos futurs managers généralistes doivent connaître un large échantillon de situations d'entreprise, et vous devez leur apprendre comment réussir dans chacune.

Une question corollaire est celle du mode d'intégration de nouveaux managers venant d'une autre entreprise. Imaginons que vous projetiez de recruter un manager à haut potentiel qui travaille chez un concurrent. Laquelle des quatre situations ST_ARS condamnerait le plus sûrement votre nouvelle recrue à l'échec ? La redéfinition, naturellement, parce que le nouveau manager se retrouve dans la situation pour le moins peu confortable de devoir convaincre des individus avec qui il était en concurrence hier encore qu'ils ne sont pas aussi performants qu'ils le croient. Dans pareil contexte, il serait extrêmement surprenant que le nouveau manager ait bonne presse, et les collaborateurs estimant que le poste aurait dû leur revenir ne manqueraient pas d'affûter leurs couteaux. Pour peu qu'il ne bénéficie pas d'un soutien adéquat, le nouveau manager est quasiment assuré de courir à l'échec.

POUR ACCÉLERER LA TRANSITION

1. À quelle situation $ST_A RS$ êtes-vous confronté – démarrage, redressement, redéfinition ou pérennisation ?
2. Qu'est-ce que cela implique au niveau des défis et des opportunités auxquels vous aurez probablement à faire face ? Comment pouvez-vous envisager d'accélérer votre transition ?
3. Qu'est-ce que cela implique au niveau de votre projet d'apprentissage ? Avez-vous seulement besoin de connaître le côté technique de l'entreprise ou est-il essentiel que vous ayez également une bonne compréhension de sa culture et des règles du jeu politique interne ?
4. Parmi vos compétences et vos points forts, lesquels vous seront les plus précieux dans le contexte dont vous héritez ? Lesquels risquent de vous mettre en difficulté ?
5. Quel est l'état d'esprit dominant au sein de l'organisation ? Quelles transformations psychologiques devez-vous conduire et comment allez-vous y parvenir ?
6. Devez-vous vous concentrer en priorité sur l'attaque ou sur la défense ?
7. Quel mélange de situations gérez-vous ? Quelles parties de votre unité sont en mode start-up, redressement, redéfinition et pérennisation ? Quelles implications cela a-t-il au niveau de l'évaluation et de la récompense des personnes qui travaillent avec vous ?

Chapitre 4

OBTENEZ RAPIDEMENT DE PETITES VICTOIRES

Fraîchement nommée à la direction du service clientèle d'un grand groupe de distribution, Elena Lee était déterminée à introduire auprès de ses équipes un style de management bien différent de celui, autoritaire et coercitif, de son prédécesseur. Venue d'une autre division du groupe, elle n'ignorait rien des problèmes de qualité de service que sa nouvelle unité avait connus. Convaincue qu'il était possible d'améliorer les performances en jouant la carte de la participation des collaborateurs et de l'innovation, elle avait fait du changement culturel sa priorité numéro un.

Elena commença par communiquer ses objectifs à ses équipes. Dans une série de mémos et de réunions en petits groupes, elle leur exposa sa vision d'une culture plus participative, favorisant la responsabilisation de chacun. Ces propositions furent accueillies avec scepticisme par les employés et avec un mépris non déguisé par certains superviseurs.

Dans un deuxième temps, Elena organisa des réunions deux fois par semaine avec les superviseurs pour passer en revue les performances de l'unité et rechercher des solutions pour les améliorer. Elle établit clairement que la « culture de la sanction » appartenait au passé et qu'elle attendait des superviseurs qu'ils se comportent désormais en coaches vis-à-vis des employés. Tout éventuel problème de discipline, déclara-t-elle, devrait dorénavant lui être transmis directement.

Au fil des semaines, Elena put repérer les superviseurs qui s'efforçaient de mettre en pratique ses nouvelles orientations et ceux qui s'obstinaient à manier le bâton. Elle conduisit alors des entretiens d'évaluation avec les superviseurs et assigna à deux des plus récalcitrants des plans d'amélioration des performances. L'un quitta presque immédiatement le service, l'autre s'efforça de se couler dans le nouveau moule.

Dans le même temps, Elena accordait toute son attention à un aspect essentiel de l'activité : l'évaluation de la satisfaction des clients et la qualité du service. Elle constitua un petit groupe de travail, composé de trois employés prometteurs, chargé de l'amélioration des process, à la tête duquel elle nomma son meilleur superviseur. Elle demanda à ces collaborateurs d'élaborer un plan pour mettre en place de nouveaux indicateurs de performances et un processus de contrôle et d'accompagnement non punitif. Après leur avoir indiqué comment conduire le projet, elle se tint régulièrement informée de l'avancée de leurs travaux. Lorsqu'ils lui présentèrent leurs recommandations, elle les mit rapidement en œuvre à titre expérimental dans la section que dirigeait précédemment le superviseur qui avait démissionné. Elena chargea le collaborateur le plus prometteur de l'équipe projet de superviser cette section et de piloter le projet.

À la fin de la première année, Elena avait étendu le nouveau processus à l'ensemble de l'unité. La qualité s'était considérablement améliorée et les sondages internes indiquaient que le climat de travail et la satisfaction des collaborateurs avaient énormément progressé. Elena Lee a réussi son pari en créant rapidement une dynamique au sein de son équipe et en établissant sa crédibilité. Les victoires précoces sont la voie royale pour asseoir votre légitimité, comme nous l'avons montré avec Dan Ciampa dans *Right from the Start*[1]. L'un de vos objectifs n'est-il pas que, à la fin de votre période de transition, votre supérieur, vos collègues et vos subordonnés sentent que quelque chose de nouveau, de positif, est en marche ? Les victoires précoces motivent et enthousiasment les gens et contribuent à établir votre légitimité personnelle. Correctement menées, elles vous aident à créer de la valeur pour votre nouvelle organisation et à atteindre le seuil de rentabilité plus rapidement.

Les pièges à éviter

Il est certes essentiel d'enregistrer quelques victoires précoces, mais il est tout aussi important de ne pas les obtenir n'importe comment ou à n'importe quel prix. Il va sans dire que des incidents en début de parcours ne vous vaudront rien de bon : vous remettre sur pied une fois que les événements jouent contre vous est extrêmement difficile. Voici les pièges les plus courants qui guettent les nouveaux managers non avertis :

Disperser son attention

Il est très facile d'en prendre trop sur ses épaules pendant une transition. Si vous galopez dans toutes les directions, les résultats seront catastrophiques. Au cours d'une transition, vous ne pouvez espérer obtenir de résultats dans plus d'un ou deux domaines. Il est donc essentiel d'identifier les opportunités prometteuses, puis de vous consacrer obstinément à les traduire en victoires.

Ne pas prendre en compte la situation de l'entreprise

Selon la situation de l'entreprise ou de l'unité dont vous héritez, ce qu'il faut entendre par « victoire » changera du tout au tout. Obtenir des collaborateurs qu'ils se prêtent à quelque chose d'aussi simple qu'une libre discussion sur l'organisation et les défis qu'elle doit relever peut représenter un grand pas en avant dans une redéfinition mais être une perte de temps dans un redressement. Envisagez les choses de manière tactique : quel est le meilleur moyen de donner une impulsion à votre organisation ? La volonté affichée d'écouter et d'apprendre ? Des décisions rapides et décisives sur des enjeux pressants ?

Ne pas s'adapter à la nouvelle culture

Les managers qui rejoignent une nouvelle organisation sont les plus exposés à ce piège. Porteurs d'une autre culture, ils arrivent avec une certaine vision de ce qu'est une victoire et des moyens à déployer pour l'obtenir. Dans certaines entreprises, une victoire est une réalisation individuelle visible. Dans d'autres, la quête individuelle de la gloire, même assortie de bons résultats pour l'organisation, est considérée comme malvenue et dommageable au travail d'équipe. Dans les organisations qui valorisent le travail d'équipe, les victoires précoces consisteront, par exemple, à piloter et à accompagner un groupe dans le développement d'une nouvelle idée de produit ou à être considéré comme un contributeur solide et un bon équipier dans un projet transversal. Veillez donc à bien comprendre ce que votre organisation considère (et ne considère pas) comme une victoire.

Ne pas obtenir des victoires qui comptent aux yeux de votre supérieur

Il est essentiel d'obtenir des victoires précoces qui dynamisent vos subordonnés directs et les autres collaborateurs. Mais l'opinion de votre supérieur sur vos réalisations compte au moins autant. Même si vous n'adhérez pas totalement à ses priorités, vous devez en tenir compte lorsque vous identifiez vos pistes d'action potentielles. Traiter des problèmes que votre supérieur considère comme importants fera énormément pour asseoir votre crédibilité et vous ouvrir l'accès aux ressources.

Choisir des moyens qui nuisent à vos fins

La façon de faire compte. Si vous obtenez des résultats impressionnants d'une manière que l'on juge manipulatrice, sournoise ou incohérente avec la culture de l'organisation, vous vous préparez à de graves ennuis. Une victoire emblématique du comportement que vous espérez instiller dans votre nouvelle organisation est une double victoire.

Faire des vagues (de changement)

Intéressons-nous à présent à la façon dont les premiers mois de votre transition s'inscrivent dans la perspective plus large de la durée de votre nouveau mandat. Dans une étude consacrée à des managers récemment nommés à des fonctions de direction générale dans divers types d'entreprises, Jack Gabarro a montré que les nouveaux responsables planifient et mettent en œuvre le changement par « vagues » successives, telles que représentées dans la Figure 4.1[2]. Après une période d'acclimatation initiale, ils entament une première vague de changements. Le rythme se ralentit ensuite pour permettre la consolidation de ces premiers acquis et un apprentissage plus en profondeur de l'organisation, et pour laisser aux gens le temps de « reprendre leur souffle ». Forts d'une compréhension plus fine du contexte, les nouveaux directeur généraux initient alors une vague de changements plus profonds, plus structurels. Enfin, la vague suivante vise à un ajustement minutieux en vue de maximiser les performances. À ce stade, la plupart des managers étudiés étaient prêts à passer à autre chose.

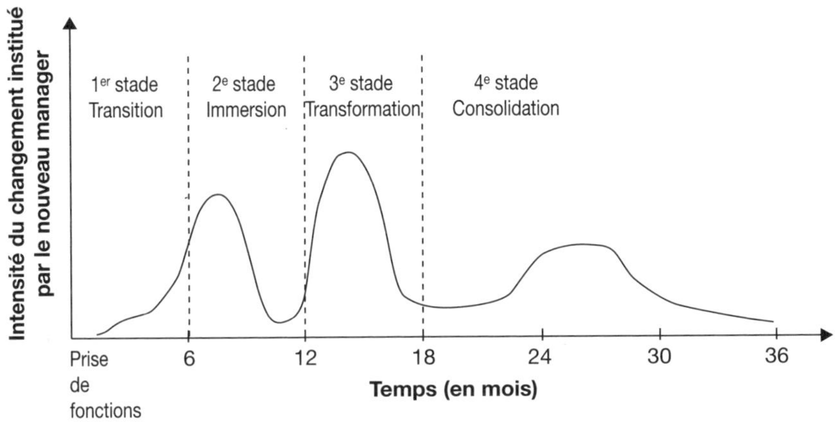

Figure 4. 1 : Les vagues de changement

Le travail de Jack Gabarro a des implications passionnantes pour la gestion des transitions. Tout d'abord, et de manière évidente, il suggère que vous devez concevoir votre plan pour vous assurer des victoires rapides en tenant compte de vos objectifs à plus long terme. La période de transition ne dure que quelques mois, mais vous resterez en général à votre poste pendant deux à quatre ans avant de prendre de nouvelles fonctions. Cette période de deux à quatre ans constitue votre « ère » dans l'organisation, au cours de laquelle vous relèverez le défi de la transition et conduirez le changement, tout en vous efforçant de faire avancer votre carrière dans la direction souhaitée. Dans toute la mesure du possible, vos victoires précoces doivent vous rapprocher de ces objectifs à long terme.

nifiez les vagues de changements

ıvisager votre transition, et vos actions au-delà de cette période, sous l'angle de vagues successives de changements vous aidera à avoir une vision plus claire de vos objectifs et de ce que vous souhaitez accomplir – et de la façon d'y parvenir. Chaque vague doit comporter des phases distinctes : apprentissage, définition des changements à conduire, conquête d'alliés, mise en œuvre des changements et mise en perspective des résultats. Cette démarche vous permettra de consacrer, au début, du temps à apprendre et à vous préparer et, par la suite, du temps à consolider et à préparer la vague suivante. Outre qu'il vous interdit toute évaluation des mesures engagées, le changement permanent est le meilleur moyen d'épuiser vos troupes.

L'objectif de la première vague de changements est de vous assurer ces victoires précoces dont nous avons vu l'importance. Le nouveau manager conçoit ses initiatives en vue d'établir sa crédibilité personnelle, de nouer des relations clés et d'identifier et de récolter les fruits des branches les plus basses – ces opportunités qui représentent les réservoirs les plus intéressants de progrès à court terme. Correctement conduite, cette phase permet au manager de mettre son organisation en mouvement et d'approfondir son apprentissage.

La deuxième vague de changements porte sur des enjeux plus fondamentaux de stratégie, structure, systèmes et compétences pour remodeler l'organisation. C'est au cours de cette phase que sont obtenus les véritables gains de performances. Mais vous n'y parviendrez pas si vous n'avez pas su vous assurer des victoires précoces au cours de la première vague.

Adaptez votre stratégie au contexte

Les trajectoires de changement diffèrent radicalement selon la situation ST_ARS. En quoi le rythme et l'intensité du changement varieront-ils selon que vous serez confronté à une situation de démarrage, de redressement, de redéfinition ou de pérennisation ? Dans les situations où le temps est compté – démarrages et redressements – vous devrez probablement lancer plus tôt votre première vague de changements. L'intensité du changement, telle que perçue par les membres de l'organisation, sera sans doute elle aussi plus grande. Dans les situations de redéfinition et de pérennisation, vous pourrez vous permettre de prendre plus de temps pour apprendre et pour planifier votre action. Si l'entreprise est réellement sur la voie d'une réussite durable, vous pourrez envisager de planifier plusieurs vagues de changements modestes plutôt qu'un big-bang.

Définir des objectifs à long terme

Un des objectifs clés des 90 premiers jours est d'établir votre légitimité et de donner une impulsion à l'organisation. Vous y réussirez en remportant des victoires précoces. Celles-ci créent un effet boule de neige et étendent le rayon potentiel de vos actions à venir.

Lorsque vous entreprendrez d'identifier les pistes qui s'offrent à vous pour faire bouger votre nouvelle organisation, ne perdez pas de vue que les actions que vous engagerez pour obtenir des victoires rapides doivent remplir deux missions : vous aider à établir votre légitimité *et* préparer le terrain pour vos objectifs à plus long terme. En particulier, vos efforts pour enregistrer rapidement des succès devront être cohérents avec vos priorités pour l'organisation et introduire les nouveaux comportements que vous souhaitez insuffler à l'organisation. En d'autres termes, votre première tâche consiste à réfléchir aux changements à long terme que vous souhaiterez avoir menés à bien à la fin de votre mandat.

Priorités de résultats et changements comportementaux

Vos objectifs à long terme doivent consister en priorités de résultats pour l'entreprise et en changements de comportements des membres de votre organisation. Les priorités de résultats désignent le but que vous vous efforcez d'atteindre en termes d'objectifs mesurables. Il s'agira, par exemple, d'une croissance à deux chiffres des bénéfices ou d'une réduction importante du taux de retours. Une des priorités de résultats d'Elena Lee était ainsi l'amélioration de la satisfaction des clients. L'important est de définir vos objectifs de façon à pouvoir avancer avec un but précis en tête.

C'est le moment où jamais de réfléchir à ce que vous souhaitez laisser derrière vous dans cette organisation. Qu'aimeriez-vous lire dans la lettre qui vous annoncera votre promotion à votre prochain poste ? (Essayez-vous à rédiger cette lettre, c'est un exercice très utile. En quels termes souhaitez-vous que les gens parlent de vos réalisations dans vos fonctions actuelles d'ici deux à trois ans ?)

Définissez vos priorités de résultats

Comment sélectionner vos priorités de résultats ? Vous n'aurez peut-être pas le choix : votre supérieur vous les imposera. Mais si vous êtes libre de définir votre propre agenda, ou si vous pensez que vous devez négocier vos objectifs avec votre supérieur, ces repères vont seront utiles :

Vos priorités de résultats doivent découler des problèmes les plus importants

Définir vos priorités de résultats exige d'identifier les domaines de l'organisation qui requièrent le plus d'attention, ainsi que ceux qui recèlent les gisements d'amélioration des performances les plus prometteurs. C'est ce qu'a fait Elena Lee lorsqu'elle a identifié la qualité du service comme étant à la fois un moteur majeur de performances et un objectif autour duquel elle pouvait rallier les membres de son équipe. Une de ses priorités de résultats aurait pu être d'augmenter la satisfaction des clients de 60 % en un an.

Les priorités de résultats ne doivent être ni trop générales ni trop spécifiques

Elles doivent pouvoir être déclinées en jalons et objectifs intermédiaires. Par exemple, si votre priorité est de réduire le temps de mise en marché d'un produit, vous aurez tout intérêt à définir plusieurs étapes intermédiaires plus précises, mesurables, pour marquer votre progression vers cet objectif. Cela étant, ne tombez pas dans l'excès – en l'occurrence, fixer des jalons quotidiens n'apporterait pas grand chose.

Les priorités de résultats doivent donner une orientation claire tout en vous laissant suffisamment de marge de manœuvre pour vous permettre d'ajuster votre tir au fur et à mesure de votre apprentissage

Le processus de définition de vos priorités est récurrent. Vous devez disposer d'un ensemble d'objectifs clairs dès le début, mais vous serez souvent amené à tester, préciser et reformuler ces objectifs.

Vous devez conserver la marge de manœuvre nécessaire pour ajuster vos objectifs à mesure que vous progressez. Par exemple, si vous décidez que le système de distribution est une cible clé d'amélioration, votre priorité de résultats pourra être d'améliorer le temps de livraison aux clients de 50 % en dix-huit mois. Cet objectif est ambitieux et, si vous réussissez à l'atteindre, il aura un impact considérable. Mais il est aussi suffisamment large pour vous laisser la possibilité de préciser ultérieurement comment et où vous l'atteindrez.

Ciblez des changements de comportements

Le comportement des membres de votre organisation est ce qui va vous permettre de progresser (ou non) vers ces objectifs que sont vos priorités de résultats. En d'autres termes, si vous voulez avoir atteint vos objectifs à la fin de votre mandat, vous serez peut-être obligé de faire évoluer certains schémas de comportement problématiques.

Commencez par identifier les comportements à changer. Par exemple, Elena Lee voulait réduire la peur et l'infantilisation au sein de son organisation. Ensuite, définissez précisément, comme l'a fait Elena, la façon dont vous voudriez que les individus se comportent à la fin de votre mandat et veillez à ce que les actions que vous engagerez pour obtenir des victoires rapides favorisent cette évolution des comportements. Quels comportements les membres de votre organisation affichent-ils régulièrement qui entravent les performances ? Le Tableau 4.1 vous aidera à qualifier les comportements que vous souhaitez faire évoluer.

Remporter rapidement des victoires

Armé d'une vision claire de vos priorités de résultats et de vos objectifs de changements comportementaux, vous pouvez désormais créer des plans d'actions détaillés pour obtenir des victoires pendant vos 90 premiers jours et au-delà. Nous vous conseillons d'adopter une démarche en deux temps : définir d'une part les actions qui vous permettront d'établir votre crédibilité au cours des 30 premiers jours et, d'autre part, celles destinées à faire progresser les résultats de l'organisation au cours des 60 jours suivants.

Tableau 4.1 : Comportements problématiques

Manque de...	Symptômes
Focalisation	- Le groupe n'arrive pas à définir clairement ses priorités, ou a trop de priorités. - Les ressources sont dispersées, ce qui est source de crises et de querelles fréquentes. Les collaborateurs sont récompensés pour leur capacité à éteindre des incendies, et non pour imaginer des solutions durables.
Discipline	- Le niveau des performances des individus est très variable. - Les collaborateurs ne comprennent pas les conséquences négatives de l'incohérence. - Les gens se trouvent des excuses lorsqu'ils ne tiennent pas leurs engagements.
Innovation	- Le groupe utilise des benchmarks internes pour mesurer ses performances. - Les améliorations de produits et de process se déploient lentement et de manière incrémentielle. - Les collaborateurs sont récompensés pour préserver des résultats stables, pas pour innover.
Travail d'équipe	- Les membres des équipes sont en concurrence les uns avec les autres et protègent leur territoire au lieu de travailler ensemble pour atteindre des objectifs collectifs.
Sens de l'urgence	- Les membres de l'équipe ignorent les besoins des clients externes et internes. - La complaisance domine, manifeste dans des convictions comme : « Nous sommes les meilleurs et nous l'avons toujours été » et « Que nous réagissions vite ou pas, cela ne changera rien. »

Établissez votre légitimité

Vous ne pouvez espérer avoir un impact mesurable sur les résultats de l'organisation au cours des premières semaines de votre prise de fonctions. En revanche, vous pouvez commencer à garnir votre besace de petites victoires et indiquer ainsi que le changement est en marche. Votre objectif à ce stade est d'établir votre crédibilité et votre légitimité.

Parce que vos premières actions auront une influence disproportionnée sur la façon dont vous serez perçu (c'est la première impression qui compte !), il est essentiel que vous maîtrisiez vos « manœuvres d'approche ». Quels messages souhaitez-vous véhiculer sur vous-même et sur ce que vous représentez ? Quels sont les meilleurs moyens de les diffuser ? Identifiez vos cibles clés – subordonnés directs, autres collaborateurs, groupes extérieurs – et élaborez des messages sur mesure pour chacune de vos cibles. Ce qui est important à ce stade, c'est de dire qui vous êtes, quels sont vos valeurs et vos buts, quel est votre style et comment vous envisagez de travailler avec votre nouvelle organisation.

Réfléchissez également aux modes de contact. Comment allez-vous vous présenter ? Vos premières rencontres avec vos subordonnés directs doivent-elles avoir lieu en tête-à-tête ou en groupe ? Ces réunions seront-elles des rencontres informelles pour faire connaissance ou rentreront-elles immédiatement dans le vif du travail ? Quels autres canaux, e-mails et vidéo par exemple, utiliserez-vous pour vous faire connaître des autres membres de l'organisation ? Organiserez-vous dès le début des réunions sur d'autres sites ?

Dès que vous serez suffisamment intégré pour pouvoir le faire, identifiez les empêcheurs de tourner en rond et prenez rapidement des mesures pour vous en débarrasser. Si les relations avec certains partenaires ou groupes extérieurs sont tendues, attelez-vous à les remettre sur la bonne voie. Supprimez les réunions inutiles, écourtez celles qui sont trop longues, améliorez l'agencement des locaux... Autant de petits gestes qui vous aideront à asseoir plus vite votre crédibilité.

Dès votre arrivée, les membres de votre équipe, et de l'organisation au sens large, ne manqueront pas de vous jauger et d'évaluer vos compétences. Que répondraient-ils si on leur posait les questions suivantes à votre sujet ?

- Possède-t-il la clairvoyance et la détermination nécessaires pour prendre des décisions difficiles ?
- A-t-il des valeurs que nous pouvons partager et admirer et que nous avons envie de reproduire ?
- Possède-t-il le bon type d'énergie ?

- Exige-t-il de hauts niveaux de performances de lui-même et des autres ?

Pour le meilleur ou pour le pire, ils commenceront à se faire une opinion de vous sur la base d'informations extrêmement limitées. Vos actions initiales, bonnes ou mauvaises, modèleront leurs perceptions, qu'il sera ensuite très difficile de faire évoluer. Sans compter que les opinions se forment très très vite.

Comment, donc, bâtir votre crédibilité ? Nous entrons là dans le domaine du « marketing personnel » : il vous faut construire l'identité de votre propre « marque ». Votre objectif est que les gens vous associent à des compétences, des attitudes et des valeurs attractives. S'il n'existe pas de recette unique pour triompher de ce défi, certaines qualités et certains comportements sont plus favorables que d'autres. Le « capital crédibilité » des nouveaux managers sera d'autant plus grand qu'ils se montreront :

- exigeants mais capables de reconnaître le mérite. Les managers efficaces incitent leurs équipes à prendre des engagements réalistes et savent reconnaître lorsque ces engagements sont tenus. Ne jamais être satisfait est le meilleur moyen de saper la motivation de vos troupes.
- accessibles sans familiarité excessive. Être accessible ne signifie par être disponible pour tout et pour tous. Laissez votre porte ouverte tout en préservant votre autorité.
- déterminés mais avec discernement. Les nouveaux leaders communiquent leur capacité à assumer leur rôle en ne se précipitant pas pour prendre des décisions qu'ils ne sont pas prêts à gérer. Au cours des premières semaines de votre prise de fonctions, vous devez montrer que vous êtes déterminé et prêt à agir, mais repousser les décisions importantes jusqu'à ce que vous en sachiez assez pour les prendre.
- concentrés sur leurs objectifs mais flexibles. Évitez de créer un cercle vicieux et de vous aliéner les autres en vous montrant rigide et non disposé à envisager plusieurs solutions à un problème. Les nouveaux managers efficaces établissent leur autorité en se polarisant sur les enjeux importants et en consultant les autres et en les encourageant à donner leur point de vue.

- énergiques mais sans causer de traumatisme. Il existe une frontière subtile entre donner une impulsion à votre organisation et saturer votre groupe ou votre unité. Faites ce qu'il faut pour obtenir des résultats mais n'exigez pas trop de vos troupes.
- prêts à prendre des décisions difficiles mais humains. Vous devrez peut-être trancher dans le vif dès le début, notamment en vous séparant de collaborateurs médiocres. Les nouveaux managers efficaces ne reculent pas devant les décisions douloureuses mais savent respecter la dignité des gens et se comporter avec justice et équité.

Exploitez des « histoires édifiantes »

Vos actions au cours des premières semaines de votre prise de fonctions auront une portée symbolique. Pour illustrer ce point, intéressons-nous à Lara Moore, qui a pris la direction d'une unité en difficulté dans un grand groupe de services financiers. Ayant conduit le diagnostic de sa nouvelle organisation, Lara savait que l'unité souffrait d'une forme particulièrement sévère de sclérose bureaucratique. Symptomatiques étaient à cet égard les armoires hautes jusqu'au plafond que son prédécesseur avait consciencieusement garnies, archivant la moindre de ses actions ou de ses transactions. Une des premières actions de Lara fut de faire enlever toutes ces armoires, sous le regard médusé de son équipe.

Les actions précoces sont souvent transformées en histoires, en récits, qui feront de vous un héros ou un traître. Allez-vous prendre le temps de faire la tournée du personnel administratif ou ne vous présenterez-vous qu'à votre supérieur, vos subordonnés directs et vos collègues ? Une question aussi simple que celle-là peut contribuer à vous marquer comme « accessible » ou « distant ». La façon dont vous vous présentez à votre nouvelle organisation, dont vous traitez le personnel administratif, dont vous gérez les empêcheurs de tourner en rond, tous vos comportements peuvent devenir les graines d'histoires qui feront le tour de l'organisation.

Pour orienter la mythologie dans une direction positive, recherchez et exploitez des histoires édifiantes. Des actions – ainsi de la façon dont Elena a géré les superviseurs récalcitrants – qui manifestent clairement quelles sont vos intentions et traduisent le type de comportements que vous souhaitez encourager. Une question pertinente et pointue fera bien plus pour votre crédibilité que les effets de manches ou les annonces grandiloquentes.

Enregistrez des résultats tangibles

Construire votre crédibilité personnelle et nouer des relations clés vous aidera à remporter des victoires immédiates. Mais il faudra aller plus loin et identifier sans tarder des gisements potentiels d'améliorations tangibles des performances de l'organisation, les meilleurs étant les problèmes que vous pouvez aborder relativement rapidement et à peu de coûts, et qui déboucheront sur des gains financiers et opérationnels visibles : goulots d'étranglement qui entravent la productivité, systèmes de motivation qui sapent les performances en provoquant des conflits, par exemple.

Ne retenez pas plus de deux ou trois domaines clés, sur lesquels vous chercherez à réaliser des progrès rapides. Si vous agissez sur de trop nombreux fronts, vous risquez de perdre de vue les objectifs qui comptent. Mais veillez également à ne pas mettre tous vos œufs dans le même panier. Inspirez-vous de la gestion des risques : dotez-vous d'un portefeuille d'initiatives prometteuses suffisamment diversifié pour que la réussite des unes compense, le cas échéant, l'échec des autres.

Il est indispensable que vous définissiez dans votre projet d'apprentissage la manière dont vous entendez explorer les réservoirs de progrès potentiels. Pour transformer vos objectifs en initiatives concrètes qui vous assureront des victoires rapides, aidez-vous des recommandations suivantes :

- Ne perdez pas de vue vos objectifs à long terme. Dans la mesure du possible, les actions destinées à vous procurer des victoires précoces doivent servir vos priorités de résultats et vos objectifs à long terme d'évolution des comportements.
- Identifiez un nombre limité de cibles prometteuses. Il s'agit de domaines ou de processus (ainsi des processus du service clients pour Elena) où des améliorations sont susceptibles de faire considérablement progresser les performances opérationnelles ou financières globales de l'organisation. Dans le cas d'un fonds de pension, ce sera par exemple le processus de *reporting* auprès des autorités boursières ; pour un laboratoire pharmaceutique, le passage de la recherche au marketing.

- Concentrez vos efforts sur les cibles les plus prometteuses. Maîtriser un nombre réduit de cibles limitera le temps et l'énergie nécessaires pour obtenir des résultats tangibles. Vous serez alors libre de vous consacrer à des changements plus vastes.
- Lancez des projets pilotes. Lancez rapidement quelques actions pilotes sur des cibles de choix. Si elles sont couronnées de succès, ces premières initiatives donneront l'impulsion à votre plan et motiveront vos équipes, tout en produisant des améliorations tangibles. C'est ce qu'a choisi de faire Elena pour améliorer le service clients dans son organisation.
- Valorisez les agents du changement. Identifiez les individus qui, au sein de votre nouvelle organisation, possèdent les compétences, la volonté et les motivations pour faire avancer votre projet. Confiez-leur des responsabilités plus importantes, comme l'a fait Elena. Puis, envoyez un message sans ambiguïté à l'ensemble de l'organisation en les récompensant généreusement pour leur réussite.
- Utilisez les projets pilotes comme des relais pour favoriser le déploiement de nouveaux comportements. Vos premiers projets doivent servir de modèles des modes de fonctionnement et de comportement que vous attendez à l'avenir de votre équipe, unité ou organisation. Utilisez la liste proposée en encadré pour vous aider à développer des projets pilotes percutants.

Projets pilotes : les bonnes questions

Pour chaque projet pilote que vous mettez en place en vue d'obtenir des victoires rapides, utilisez la liste de questions ci-dessous pour veiller à ce qu'il soit à la hauteur de vos objectifs :

- Quel est le bon dosage de collaborateurs, en termes de connaissances, compétences et alchimie interpersonnelle ?
- Qui possède la crédibilité, les compétences de gestion de projet et la créativité pour piloter le projet ?
- En quoi consistent des objectifs ambitieux réalistes ?

- Quels sont les délais réalistes ?
- Quel accompagnement ou encadrement apporterez-vous pour guider la résolution de problèmes et la prise de décision de l'équipe ?
- Quelles autres ressources sont nécessaires pour réussir ?
- Comment allez-vous motiver l'équipe à obtenir des résultats supérieurs ?
- Comment récompenserez-vous la réussite ?

Évitez les mauvaises surprises

Tous vos efforts pour obtenir des victoires rapides seront réduits à néant si vous ne prenez pas la peine de repérer d'éventuelles bombes à retardement et de vous en prémunir. Si elles venaient à exploser, vous seriez pris au piège de la riposte et tous vos espoirs de conduire l'organisation là où vous le souhaitez s'envoleraient.

Certains coups du sort surgissent réellement de nulle part. Dans ces cas-là, tout ce que vous pouvez faire, c'est vous préparer à l'action et mettre sur pied la meilleure réponse possible à la crise. Mais beaucoup plus souvent, les nouveaux managers sont désarçonnés par ce que mon collègue Max Bazerman et moi-même appelons de « mauvaises surprises prévisibles », c'est-à-dire des situations dans lesquelles les individus disposent de toutes les informations nécessaires pour identifier le problème et prendre les mesures correctives appropriées, mais ne le font pas[3].

Pour être victime d'une mauvaise surprise, il suffit parfois que le nouveau manager ne regarde tout simplement pas au bon endroit ou ne pose pas les bonnes questions. Comme nous l'avons vu dans le Chapitre 1, chacun d'entre nous a ses domaines d'intervention de prédilection. Si vous êtes un homme ou une femme de marketing et que vous prenez la direction de l'équipe de lancement d'un nouveau produit, il ne serait pas étonnant que vous vous consacriez davantage aux aspects marketing du projet qu'à la montée en puissance de la fabrication. Il n'en demeure pas moins que vous devrez vous obliger à vous colleter avec des problématiques avec lesquelles vous vous sentez moins à l'aise ou à trouver des personnes de confiance possédant les compétences requises pour le faire.

Autre facteur déclenchant des bombes à retardement : le cloisonnement de l'organisation. Différentes parties de l'entreprise détiennent différents morceaux du puzzle mais personne ne les réunit. Toute entreprise à ses silos d'informations. Si vous ne mettez pas en place les processus nécessaires pour faire remonter à la surface les informations et assurer leur diffusion, vous courez le risque d'être victime d'une de ces « mauvaises surprises prévisibles ».

Utilisez les questions ci-dessous pour repérer les zones de danger potentiel :

- Environnement extérieur. Des tendances dans l'opinion publique, l'action du gouvernement ou les conditions économiques risquent-elles d'être sources de problèmes graves pour votre unité ? Exemples : changement de politique gouvernementale qui favorise les concurrents ou a une incidence négative sur vos prix ou vos coûts ; renversement de l'opinion publique sur les conséquences de l'utilisation d'un de vos produits pour la santé et la sécurité ; crise économique émergente dans un pays en développement.
- Consommateurs, marchés, concurrents et stratégies. Des évolutions récentes de la situation concurrentielle de votre entreprise risquent-elles de soulever des défis majeurs ? Exemples : une étude indiquant que votre produit est inférieur à celui d'un concurrent ; l'arrivée d'un nouveau concurrent proposant un produit de substitution à un coût inférieur ; une guerre des prix.
- Capacités internes. Certains problèmes au niveau des processus, des compétences et des capacités de votre unité pourraient-ils dégénérer en crise ? Exemples : perte imprévue de collaborateurs clés ; problèmes de qualité graves dans votre plus grande usine ; rappel de produit.
- Jeux d'influence internes. Risquez-vous de marcher par mégarde sur une mine politique ? Exemples : certaines personnes dans votre unité sont « intouchables » mais vous ne le savez pas ; vous ne vous rendez pas compte qu'un collègue clé travaille dans l'ombre à vous discréditer.

Piloter le changement

Dans votre démarche d'identification de victoires rapides potentielles, pensez également à la façon dont vous allez introduire le changement au sein de votre organisation et le lui faire accepter.

Changement planifié ou apprentissage collectif

Une fois que vous avez identifié les problèmes ou les enjeux les plus importants à traiter, l'étape suivante consiste à décider si vous allez opter pour une démarche de planification puis de mise en œuvre du changement ou pour une démarche d'apprentissage collectif, pour reprendre la terminologie de ma collègue Amy Edmondson[4].

L'approche linéaire du changement « planifier puis mettre en œuvre » donne de bons résultats lorsque vous êtes assuré que les éléments suivants sont réunis :

1. Prise de conscience. Une masse critique de collaborateurs est convaincue de la nécessité du changement.
2. Diagnostic. Vous savez ce qui doit changer et pourquoi.
3. Vision. Vous avez une vision motivante et une stratégie solide.
4. Plan. Vous disposez de l'expertise nécessaire pour élaborer un plan détaillé.
5. Soutien. Vous disposez d'une coalition suffisamment puissante pour soutenir la mise en œuvre du changement.

Cette approche se révèle par exemple efficace dans les situations de redressement : les collaborateurs admettent qu'il y a un problème, les solutions sont davantage techniques que culturelles et tout le monde a envie de sortir de l'impasse.

Si une seule de ces conditions n'est pas remplie, toutefois, cette approche directe du changement risque de vous mettre en difficulté. Si vous avez à conduire une redéfinition, par exemple, et que les membres de l'organisation sont dans une dynamique de déni, il est à craindre qu'ils n'accueillent pas votre plan en applaudissant des deux mains. Pour mener à bien votre projet, vous devrez donc explorer des pistes complémentaires : éveiller les collaborateurs à la nécessité de changer, affûter le diagnostic du problème, créer une vision et une stratégie motivantes, développer un plan de mise en œuvre transfonctionnelle solide, ou encore créer une coalition favorable au changement.

Dans ce type de contexte, nous ne saurions trop vous conseiller d'élaborer un plan d'apprentissage collectif plutôt que d'imposer des plans de changement à l'organisation. Si un grand nombre de collaborateurs refusent de regarder la réalité en face, vous devrez mettre en place un processus pour vaincre leurs résistances et leur ouvrir les yeux. A une attaque frontale des défenses de l'organisation, préférez des techniques de guérilla, qui vous permettront d'entamer lentement mais sûrement leurs défenses et de leur faire prendre conscience de la nécessité de changer.

Vous pourrez par exemple élargir les perspectives d'un certain nombre de collaborateurs clés en leur soumettant de nouvelles données sur la satisfaction des clients ou les offres d'entreprises concurrentes ; ou conduire un *benchmark*, et faire ainsi analyser à votre groupe les performances de vos meilleurs concurrents ; ou encore amener les membres de l'organisation à imaginer de nouvelles approches en organisant un séminaire sur les objectifs clés ou l'amélioration des processus.

Il est donc essentiel de déterminer quelles parties du processus de changement peuvent être abordées par la planification et lesquelles se prêtent davantage à un processus d'apprentissage collectif. Choisissez un changement que vous souhaitez introduire dans votre organisation et utilisez le graphique proposé en Figure 4.2 pour déterminer sur quels aspects les processus d'apprentissage collectifs risquent d'être décisifs pour réussir.

Amorcez les changements de comportements

N'oubliez pas que les moyens que vous utiliserez pour obtenir vos victoires rapides sont aussi importants que les fins que vous poursuivez. Les initiatives que vous mettez en place pour marquer vos premiers points doivent également établir de nouvelles normes de comportement. C'est ce qu'a fait Elena Lee lorsqu'elle a sélectionné et coaché son équipe projet puis rapidement mis en œuvre ses recommandations.

Pour faire évoluer votre organisation, vous devrez probablement agir sur sa culture. C'est une entreprise pour le moins ardue. Votre organisation a peut-être de mauvaises habitudes solidement enraci-

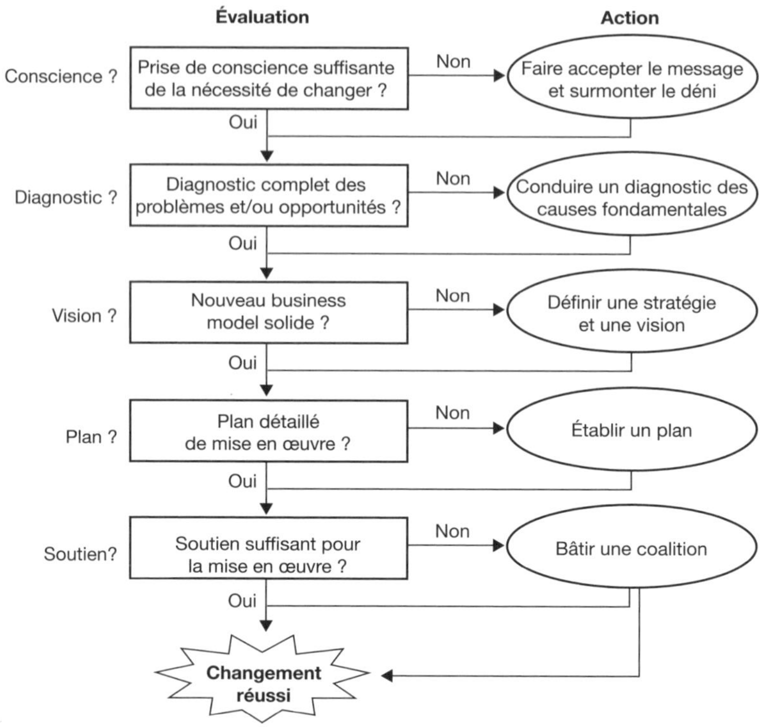

Figure 4.2 : Cadre de diagnostic pour la gestion du changement

nées que vous voulez lui faire perdre. Mais quand on sait combien il est difficile de faire changer les habitudes d'un individu, on mesure le chemin qu'il va falloir parcourir…

Jeter à bas la culture existante et repartir de zéro est rarement la bonne réponse. Il y a des limites aux changements que les individus – et les organisations – peuvent absorber en une seule fois. Qui plus est, toute culture d'entreprise a ses « vertus » et ses « vices » ; une culture d'entreprise rassure et sera souvent source de fierté. Si vous dites à votre organisation qu'il n'y a rien de bon dans sa culture, vous priverez ses membres d'une source de stabilité essentielle dans une période de changement. Et vous vous priverez d'un réservoir d'énergie tout aussi précieux.

L'important est donc d'identifier les bons et les mauvais éléments de la culture existante. Valorisez et louez les aspects positifs même si vous cherchez à changer les mauvais. Ils sont l'une des passerelles qui vous aideront à conduire l'organisation du passé vers l'avenir.

Adapter la stratégie au contexte

Le choix des techniques pour faire évoluer les comportements doit être fonction de la structure, des processus, des compétences et, pardessus tout, de la situation de votre groupe. Considérons par exemple les défis que rencontrerait le nouveau manager qui souhaiterait changer les comportements de son organisation dans une situation de redressement d'une part, et dans une situation de redéfinition d'autre part. Dans un redressement, vous devez à la fois agir vite et identifier et protéger rapidement le noyau défendable de l'entreprise. Dans un tel contexte, le recrutement de nouveaux collaborateurs et la constitution d'équipes projets autour d'initiatives spécifiques pour améliorer les performances se révèlent souvent des techniques efficaces. Dans une situation de redéfinition, en revanche, il est plus prudent de commencer par des approches moins directes. En changeant les indicateurs de performances et en initiant des *benchmarks*, par exemple, vous préparez le terrain pour le développement d'une vision collective des évolutions que doit connaître l'organisation.

Enfin, ne perdez pas de vue votre principal objectif : créer un cercle vertueux qui encourage les comportements souhaités et vous aide à atteindre vos priorités de résultats pour l'organisation. Souvenez-vous que vous visez des améliorations précoces modestes afin de pouvoir conduire par la suite des changements plus fondamentaux.

POUR ACCÉLERER LA TRANSITION

1. Étant donné la situation dont vous héritez, quels doivent être le calendrier et l'ampleur de chacune des vagues de changement que vous envisagez de conduire ?
2. Sur la base de vos connaissances actuelles, quelles sont vos priorités de résultats ? Étant donné ces priorités, que devez-vous faire pendant votre transition pour jeter les bases qui vous permettront de les atteindre ?
3. Comment souhaitez-vous que les comportements des membres de l'organisation aient évolué à la fin de votre mandat ? Décrivez le plus

précisément possible les comportements que vous souhaitez encourager et ceux que vous souhaitez décourager.

4. Quelles actions pouvez-vous engager pendant votre période de transition pour commencer à faire évoluer les comportements ?
5. Comment envisagez-vous de vous « faire reconnaître » de votre nouvelle organisation ? Qui sont vos publics clés et quels messages souhaitez-vous leur délivrer ? Quels sont les meilleurs modes d'engagement ?
6. Quelles sont les cibles les plus prometteuses pour vos premières initiatives en vue d'améliorer les performances ? Sélectionnez une cible : en quoi des victoires rapides dans ce domaine peuvent-elles être exemplaires des nouveaux comportements que vous souhaitez développer ?
7. Étant donné les changements que vous souhaitez conduire, dans quels domaines devez-vous faire appel à l'apprentissage collectif ?

Chapitre 5

NÉGOCIEZ VOTRE RÉUSSITE

Nommé responsable des technologies de l'information d'une division clé d'un grand groupe pétrolier, Michael Chen n'a guère eu le temps de savourer sa promotion. À peine venait-il de prendre ses fonctions que deux de ses nouveaux collègues lui téléphonèrent pour le mettre en garde : « Tu peux commencer à refaire ton CV. Cates va te manger tout cru. »

Sa nouvelle supérieure, la Vaughan Cates en question, était une femme dure et exigeante, connue pour obtenir des résultats – et mener ses équipes d'une main de fer. Vaughan Cates n'avait pris la direction de l'unité que quelques mois auparavant et plusieurs collaborateurs avaient déjà choisi de démissionner.

Les amis de Michael lui brossèrent un tableau sombre de ce qui l'attendait. « Tu as eu un parcours brillant, lui dit l'un d'eux. Mais Cates va trouver que tu n'es pas assez agressif. Tu es un planificateur et un bâtisseur d'équipes. Elle pensera que tu es trop lent et incapable de prendre des décisions difficiles. »

Ainsi prévenu, Michael alla voir Cates pour négocier avec elle le temps dont il avait besoin pour conduire le diagnostic de la situation et préparer son plan. « Il me faut trois mois, dont un pour me mettre dans le bain et me familiariser avec l'unité, lui dit-il. À la fin de ce premier mois, je vous présenterai un diagnostic détaillé de la situation et un plan d'action pour les 60 jours suivants. » Michael tint Cates régulièrement informée de ses progrès. Lorsque, trois semaines après sa prise de poste, Cates insista pour qu'il prenne une décision concernant le système d'achats, il ne céda pas, se tenant au calendrier qu'il avait défini. À la fin des 30 jours, il remit à sa supérieure un plan solide et argumenté dont la jeune femme ne put que saluer la qualité.

Un mois plus tard, Michael retourna voir Cates pour l'informer des premiers résultats qu'il avait obtenus et lui demander d'affecter des collaborateurs supplémentaires à un projet clé. Elle le soumit à un feu nourri de questions mais ne réussit pas à le prendre en défaut tant il maîtrisait son sujet. Elle finit par accéder à sa requête, non sans fixer des échéances strictes pour l'obtention de résultats. Et Michael annonçait bientôt à sa supérieure qu'il avait atteint plusieurs objectifs intermédiaires.

Fort de ces « petites victoires », Michael jugea qu'il pouvait désormais aborder une question délicate : celle de leurs styles de management respectifs. « Je suis conscient que nous avons des styles très différents, dit-il en substance à Vaughan Cates lors de leur réunion suivante. Mais cela ne signifie pas que nous n'avons pas les mêmes objectifs. Je voudrais que vous me jugiez sur mes résultats, pas sur la façon dont je les obtiens. » Il lui fallut près d'un an mais Michael réussit à bâtir une relation de travail solide et productive avec Cates.

La morale de cette histoire ? Pour mettre toutes les chances de votre côté, n'hésitez jamais à négocier votre réussite auprès de votre supérieur. Investir du temps dès le début dans cette relation essentielle est un choix que vous ne regretterez pas, parce que c'est votre supérieur qui fixe vos *benchmarks*, lui encore qui interprète vos actions pour les autres acteurs clés de l'organisation et contrôle l'accès aux ressources dont vous avez besoin. De lui dépendent en grande partie le temps qu'il vous faudra pour atteindre le seuil de rentabilité et votre réussite.

Si vous voulez triompher de votre transition, il est donc essentiel d'engager le dialogue avec votre nouveau supérieur pour définir ou réorienter les règles du jeu et pour faire en sorte que celles-ci vous donnent de bonnes chances d'obtenir les résultats attendus – et non l'inverse. Trop de nouveaux managers se contentent de prendre la partie en cours, considérant leur situation comme une donnée, ce qui les conduit à l'échec. L'alternative consiste à influer sur le jeu en négociant avec votre supérieur ce que l'on attend de vous et de votre organisation, les ressources dont vous avez besoin, et en vous assurant que vous analysez bien la situation de la même manière tous les deux.

N'oubliez pas que la nature de votre relation avec votre nouveau supérieur dépend de votre niveau dans l'organisation et de la situation dont vous héritez. Plus vous êtes haut dans la hiérarchie, plus on vous accordera, normalement, d'autonomie. C'est encore plus vrai si votre supérieur et vous n'êtes pas basés sur le même site. L'absence de supervision peut être une bénédiction si vous obtenez ce dont vous avez besoin pour réussir, mais tournera vite au cauchemar si tout ce que vous obtenez, c'est suffisamment de corde pour vous pendre.

Le rôle de votre supérieur ne sera pas non plus le même selon les situations ST_ARS. Dans un contexte de redéfinition, vous avez besoin de votre chef pour qu'il vous aide à faire passer le message de la nécessité du changement. Dans une situation de pérennisation, vous aurez besoin d'aide pour apprendre sur l'organisation et pour éviter des erreurs qui mettraient en péril ses actifs clés. Dans un démarrage, il vous faut des ressources et une protection contre une ingérence excessive des sphères supérieures. Dans les redressements, la contribution la plus utile de votre supérieur sera peut-être de vous pousser à réduire rapidement l'organisation à son noyau défendable.

Vous pouvez faire beaucoup pour bâtir une relation de travail constructive et riche avec votre supérieur. Dans ce chapitre, nous allons voir comment engager le bon type de dialogue avec cet acteur clé et comment créer un plan des 90 premiers jours. Les pages qui suivent vous seront utiles même si vous continuez à travailler avec le même supérieur. Votre relation ne sera pas nécessairement la même dans le contexte de votre nouveau poste. Les attentes de votre supérieur peuvent changer ; de votre côté, vous aurez peut-être besoin de davantage de ressources. Nombre de managers pensent à tort qu'ils peuvent continuer à travailler de la même façon avec leur supérieur actuel alors qu'ils n'occupent plus les mêmes fonctions. Ne commettez pas cette erreur.

Réfléchissez également à la façon dont vous pourriez utiliser les idées proposées dans ce chapitre pour faire progresser vos relations avec vos subordonnés directs. Après tout, n'avez-vous pas tout intérêt à les conduire eux aussi au seuil de rentabilité le plus rapidement possible ?

Cap sur les fondamentaux

Lorsqu'on demande à des managers expérimentés comment bâtir une relation productive avec un nouveau supérieur, leurs observations prennent le plus souvent la forme de recommandations. Commençons par les mises en garde.

Ne jetez pas le passé aux ordures

Vous n'avez rien à gagner – mais beaucoup à perdre – à critiquer ceux ou celles qui étaient à la tête de l'organisation avant votre arrivée. Non que vous deviez tolérer la médiocrité. Vous devez comprendre le passé mais aussi vous attacher à évaluer les comportements et les résultats actuels, et à introduire les changements qui permettront d'améliorer les performances.

Ne restez pas dans votre tanière

Si votre supérieur ne fait pas le premier pas, ou si les interactions avec lui ne sont pas faciles, il va vous falloir prendre sur vous-même et vous imposer. Faute de quoi, vous risquez de laisser s'installer un manque de dialogue et une incompréhension qui vous empêcheront d'agir. Avoir les coudées franches est agréable, mais ce serait une erreur que d'accepter d'être totalement livré à vous-même. Rappelez-vous régulièrement au souvenir de votre supérieur, demandez à le rencontrer. Veillez à ce qu'il soit informé des enjeux auxquels vous êtes confronté et à être vous-même au courant de ses attentes et de leur éventuelle évolution.

Ne surprenez pas votre supérieur

Apporter de mauvaises nouvelles à votre supérieur est loin d'être neutre. Le danger que le messager (vous, en l'occurrence) y laisse sa peau est bien réel. Toutefois, la plupart des supérieurs voient un péché bien plus grand dans le fait de ne pas rendre compte suffisamment tôt de problèmes émergents, le pire étant que votre supérieur ait vent du problème en question par quelqu'un d'autre que vous. Nous vous conseillons donc de l'alerter dès qu'un nuage noir surgit à l'horizon.

Ne lui soumettez pas seulement des problèmes

Vous ne gagnerez rien à être perçu comme quelqu'un qui n'apporte à son supérieur que des problèmes à résoudre. Vous devez aussi avoir un plan, des pistes de solutions. Et seulement des *pistes* de solutions : à mettre sur pied un plan de bataille peaufiné jusque dans ses moindres détails, vous risqueriez d'informer votre chef trop tard. L'important ici est de réfléchir quelques minutes à la façon dont traiter le problème, à votre rôle et à l'aide dont vous aurez besoin.

Ne déroulez pas votre checklist

Même les dirigeants n'échappent pas toujours à la regrettable manie de profiter des réunions avec un supérieur pour dérouler la liste de ce qu'ils ont fait. Certes, c'est parfois justifié, mais il faut savoir que c'est rarement ce que votre boss a besoin ou envie d'entendre. Comme l'exprime un dirigeant : « Je dis à mes subordonnés directs que je pars du principe qu'ils ont du pain sur la planche et qu'ils doivent venir me voir pour que nous discutions ensemble de ce qu'ils essayent de faire et de l'aide que je peux leur apporter. »

N'essayez pas de changer votre supérieur

Un manager expérimenté nous a raconté avoir programmé une réunion en milieu d'après-midi avec son supérieur et s'être immédiatement lancé dans l'exposé d'un enjeu crucial... pour découvrir que son supérieur était en train de s'endormir. Au moment de prendre son rendez-vous, le manager avait été surpris de constater que le créneau du milieu de l'après-midi était libre tous les jours ou presque. Ses collègues avaient déjà compris que leur supérieur avait besoin de faire une petite sieste et choisi d'autres heures pour leurs réunions. La morale de l'histoire ? Partez du principe que vous ne changerez pas votre boss et adaptez-vous à son style et à ses petites manies.

Il y a aussi des « choses à faire ». Si vous vous y tenez, votre vie avec votre nouveau supérieur en sera grandement facilitée.

Soyez le moteur de la relation

C'est l'autre facette de « Ne restez pas dans votre tanière ». N'attendez pas de votre supérieur qu'il vous tende la main ou qu'il vous offre le temps et le soutien dont vous avez besoin. Partez du principe que c'est à vous qu'il revient de faire en sorte que la relation fonctionne. Si votre supérieur fait une partie du chemin, tant mieux !

Clarifiez vos attentes respectives dès le début et régulièrement par la suite

Négociez les attentes de votre boss dès le début. Vous serez en position difficile si votre supérieur attend de vous que vous fassiez rapidement le ménage alors que vous savez de votre côté que l'organisation est confrontée à de graves problèmes structurels. Il est sage de mettre les mauvaises nouvelles sur la table dès le début et de ne pas laisser s'installer des attentes irréalistes. Par la suite, prenez régulièrement la température pour vérifier que votre supérieur et vous êtes toujours sur la même longueur d'ondes.

Négociez un calendrier pour le diagnostic et la planification

Ne cédez pas aux sirènes de l'urgence et ne prenez pas de décision avant d'être prêt. Obtenez que l'on vous accorde du temps pour conduire le diagnostic de votre nouvelle organisation et élaborer votre plan d'action. Cela a fonctionné pour Michael Chen avec Vaughan Cates et cela peut marcher pour vous aussi. Le plan des 90 premiers jours, dont nous reparlerons à la fin du chapitre, est un excellent allié.

Ciblez des victoires rapides dans des domaines importants pour votre supérieur

Quelles que soient vos propres priorités, identifiez celles de votre supérieur. Quels sont ses intérêts et ses objectifs, et comment votre action peut-elle s'inscrire dans cette perspective ? Une fois vos cibles identifiées, efforcez-vous d'obtenir rapidement des résultats. Une tactique efficace consiste à retenir trois choses importantes pour votre supérieur et à discuter avec lui de ce que vous faites dans les domaines en question chaque fois que vous vous rencontrez. De la sorte, votre supérieur se sentira partie prenante de votre réussite. Mais ne commettez par l'erreur de vous engager dans des actions qui vous semblent peu judicieuses. Une partie de votre travail consiste à modeler les perceptions de votre supérieur quant à ce qui peut et doit être fait.

Recherchez l'adhésion de ceux et
respecte les opinions

L'opinion que votre nouveau supérieur se
tie sur vos interactions directes avec lui
d'autres collaborateurs de confiance lui diront
rieur a peut-être des relations avec des personnes
vos subordonnés. L'idée n'est pas de vous insinuer
grâces des collaborateurs auxquels votre chef fait con
simplement conscient des différents canaux par lesquels les
tions sur vous et vos performances parviendront à votre supé

Ces règles de base présentes à l'esprit, vous allez pouvoir commencer à planifier plus précisément la « conquête » de votre nouveau supérieur.

Cinq conversations

C'est à travers un dialogue permanent que va se construire la relation avec votre supérieur. Vos échanges débuteront avant que vous acceptiez le nouveau poste et se poursuivront tout au long de votre transition, et au-delà. Vous aborderez avec lui plusieurs thèmes centraux relatifs à la transition. Comme nous allons le voir, ces thèmes sont au nombre de cinq et ils prendront place dans votre plan des 90 premiers jours sous la forme de ce que nous appelons « les cinq conversations ». Les sujets en question sont les fils d'un seul et même dialogue et doivent donc être envisagés dans une perspective commune globale.

1. La conversation « Diagnostic de l'organisation »

Au cours de cette conversation, vous cherchez à comprendre comment votre nouveau supérieur perçoit la situation de l'organisation. Redressement, démarrage, redéfinition ou pérennisation ? Comment l'entreprise est-elle arrivée là où elle en est ? Quels facteurs – tangibles et intangibles – en font un défi ? Sur quelles ressources allez-vous pouvoir vous appuyer ? Votre vision sera peut-être différente de celle de votre supérieur mais il est essentiel que vous compreniez son point de vue.

« Attentes »

r au cours de cette conversation sera d'identifier ce que erieur attend de vous et, le cas échéant, de négocier ces s. Qu'est-ce que votre nouveau chef a besoin que vous fassiez urt terme et à moyen terme ? Qu'est-ce qui constituera un uccès ? Comment vos performances seront-elles mesurées ? Quand ? Vous découvrirez peut-être que les attentes de votre supérieur sont irréalistes et qu'il va falloir les ramener à un niveau plus raisonnable. Par ailleurs, dans le cadre de votre campagne plus large pour l'obtention de victoires rapides, rappelez-vous qu'il vaut toujours mieux promettre moins et réaliser plus.

3. La conversation « Style »

Il s'agit ici de définir le meilleur mode de fonctionnement possible entre vous deux. Quelle forme de communication préfère-t-il ? Les conversations en face-à-face ? Les notes et les mémos ? L'e-mail ? À quelle fréquence ? Sur quels types de décisions souhaite-t-il être consulté ? En quoi vos styles diffèrent-ils et avec quelles implications sur votre mode d'interaction ?

4. La conversation « Ressources »

Cette conversation consiste essentiellement en une négociation pour l'obtention de ressources critiques. De quoi aurez-vous besoin pour réussir ? Qu'avez-vous besoin que fasse votre supérieur ? Les ressources en question ne doivent pas se limiter à des fonds ou des collaborateurs. Dans une redéfinition, par exemple, vous aurez sans doute besoin de l'aide de votre supérieur pour persuader l'organisation de faire face à la nécessité de changer.

5. La conversation « Développement personnel »

Enfin, discutez avec votre supérieur de ce que ce nouveau poste vous apportera en termes de compétences et de progression de carrière. Dans quels domaines devez-vous progresser ? Y a-t-il certains projets ou missions que vous pourriez entreprendre (sans sacrifier votre tâche principale) ? Existe-t-il des formations qui pourraient renforcer vos compétences ?

Dans la réalité, votre dialogue avec votre supérieur mêlera ces sujets et évoluera au fil du temps. Vous aborderez peut-être les cinq thèmes au cours d'une même réunion ou préfèrerez plutôt examiner les enjeux associés à chaque thème dans une série de brefs échanges. Michael Chen, par exemple, a abordé le style et les attentes au cours d'une seule réunion et il a défini un calendrier pour discuter de la situation et revenir plus en détail sur les attentes.

Cela étant, la séquence des cinq conversations telle que nous venons de la présenter s'inscrit dans une certaine logique. Vos premières conversations doivent se concentrer sur le diagnostic de la situation, les attentes et le style. À mesure que vous en apprendrez davantage, vous pourrez engager des négociations pour les ressources, revoir votre diagnostic de la situation et faire évoluer les attentes si nécessaire. Lorsque vous jugerez que la relation commence réellement à prendre forme, vous pourrez aborder la question de votre développement personnel. Prenez le temps de préparer chaque conversation et indiquez clairement à votre supérieur ce que vous espérez retirer de chaque échange.

Les indications ci-dessous vous aideront à préparer les cinq conversations avec votre supérieur.

Préparation de la conversation sur le contexte

Au cours de cette conversation, votre objectif doit être de parvenir avec votre supérieur à une compréhension commune de la situation dont vous héritez et des défis et opportunités qui y sont associés. Cette compréhension commune est le fondement de tout ce que vous ferez. Si vous et votre supérieur ne définissez pas votre nouvelle situation de la même façon, vous ne recevrez pas le soutien dont vous avez besoin pour atteindre vos objectifs. Votre première discussion avec votre supérieur doit donc être centrée sur la définition de la situation à l'aide du modèle ST_ARS, qui crée un langage commun.

Une aide à géométrie variable

Le soutien dont vous aurez besoin de la part de votre supérieur dépendra du scénario – démarrage, redressement, redéfinition ou pérennisation. Une fois parvenus à une vision commune de la situation, précisez ce que vous attendez de votre supérieur. Dans quels domaines son aide vous sera-t-elle nécessaire ? Sous quelle forme ? Quel que soit le scénario, les conditions doivent être réunies pour que vous puissiez faire ce pourquoi vous avez été nommé. Vous trouverez dans le Tableau 5.1 une liste des apports potentiels de votre supérieur dans chacune des situations.

Tableau 5.1 : Quel soutien pour quelle situation ?

Situation	Rôles du supérieur
Démarrage	- Vous aider à obtenir rapidement les ressources nécessaires. - Objectifs précis, mesurables. - Recommandations aux points de rupture stratégiques. - Vous aider à maintenir le cap.
Redressement	Les mêmes que ci-dessus, plus : - Soutien dans le cadre de la prise de décisions difficiles et de leur mise en œuvre. - Soutien pour faire évoluer ou corriger l'image extérieure de l'entreprise et de ses collaborateurs - Vous aider à faire rapidement le ménage.
Redéfinition	Les mêmes qu'en situation de démarrage, plus : - Vous aider à démontrer la nécessité du changement, en particulier si vous venez de l'extérieur.
Pérennisation	- Vigilance sur le contexte : s'agit-il d'une situation de pérennisation ou de redéfinition ? - Vous aider à jouer une bonne défense et à éviter les erreurs nuisibles à l'activité - Vous aider à trouver des moyens de conduire l'entreprise vers une nouvelle phase de son développement.

Préparation de la conversation sur les attentes

L'objectif est de définir ensemble ce que chacun attend de l'autre. Vous devez vous mettre d'accord sur des objectifs à court et moyen termes, sur un calendrier et sur la façon dont votre supérieur mesurera vos progrès. Qu'est-ce qui constituera un succès pour vous et votre supérieur ? Quand votre supérieur attend-il des résultats ? Comment mesurerez-vous la réussite ? Sur quelle période ? Si vous atteignez vos objectifs, que se passera-t-il ensuite ? N'oubliez pas que si vous ne gérez pas les attentes, vous les subirez.

Modulez les attentes en fonction de la situation

Définissez vos attentes en fonction de la situation. Dans un contexte de redressement, par exemple, vous et votre supérieur conviendrez vraisemblablement de la nécessité d'engager rapidement des actions décisives. Vous aurez tous deux des attentes précises pour le futur immédiat – prendre des décisions difficiles pour réduire les coûts dans des domaines secondaires ou concentrer vos efforts sur les produits qui dégagent la marge la plus élevée, par exemple. Dans ce scénario, l'évolution des résultats financiers de l'entreprise pourra constituer un indicateur de performances pertinent.

Visez des victoires rapides dans des domaines importants pour votre supérieur

Quelles que soient vos propres priorités, identifiez ce qui compte le plus pour votre supérieur et ciblez des victoires rapides dans ces domaines. Pour réussir, vous avez besoin de l'aide de votre supérieur ; de votre côté, vous devez l'aider à réussir lui aussi. Si vous prenez en compte ses priorités, il se sentira partie prenante de ce que vous aurez accompli. L'approche la plus efficace consiste à intégrer les objectifs de votre supérieur à vos efforts pour obtenir des victoires rapides. Si ce n'est pas possible, faites-vous une raison et recherchez des victoires rapides basées sur les seules priorités de votre supérieur.

Identifiez les « intouchables »

Si votre supérieur « règne » sur certaines parties de l'organisation – produits, usines, collaborateurs –, il est essentiel de les repérer le plus tôt possible. Inutile de vous retrouver en train de militer pour la fermeture d'une ligne de produits dont la paternité revient à votre supérieur ou de vouloir remplacer un collaborateur qui a été son fidèle allié. Essayez donc de découvrir les points sensibles de votre supérieur. Intéressez-vous à son parcours, discutez avec d'autres collaborateurs, et soyez attentif aux expressions de son visage, au ton de sa voix, à ses attitudes. Dans le doute, lancez une idée en l'air et observez les réactions de votre supérieur.

Éduquez votre supérieur

Une de vos premières tâches est d'influencer les perceptions de votre supérieur quant à ce que vous pouvez et devez accomplir. Vous découvrirez peut-être que ses attentes sont irréalistes ou en décalage avec votre propre évaluation de la situation. Si tel est le cas, il va vous falloir travailler dur pour faire converger vos vues. Dans une situation de redéfinition, votre supérieur attribuera par exemple les principaux problèmes à une certaine partie de l'entreprise alors que vous considérez que la source des difficultés est ailleurs. Dans ce cas, vous devrez éduquer votre chef sur les problèmes sous-jacents pour faire évoluer ses attentes. Avancez avec prudence, surtout si votre supérieur a été un artisan clé de l'organisation ou s'il est en partie responsable du problème.

Promettez peu, accomplissez beaucoup

Que votre supérieur et vous soyez ou non d'accord sur les attentes, partez du principe qu'il vaut mieux se montrer modeste dans ce que l'on promet d'accomplir et obtenir des résultats qui dépassent les attentes, plutôt que l'inverse. Votre crédibilité a tout à y gagner ! Intégrez la capacité de changement de l'organisation à votre équation – d'elle dépend en grande partie que vous teniez vos engagements. Restez modeste dans ce que vous promettez. Si vos résultats sont supérieurs à ce que vous aviez promis, votre supérieur en sera ravi. Mais si vous promettez trop et que vos résultats ne sont pas à la hauteur, vous risquez d'entamer votre crédibilité. Même si vous avez accompli énormément, aux yeux de votre supérieur, vous aurez échoué.

De la précision, toujours de la précision

Même si vous êtes certain de savoir ce que votre supérieur attend de vous, vous devez retourner le voir régulièrement pour confirmer et préciser les choses. Certaines personnes savent ce qu'elles veulent mais ne l'expriment pas bien ; n'attendez pas d'être parti dans la mauvaise direction pour demander une boussole. Armez-vous donc de détermination et revenez à la charge jusqu'à ce que voyez sûr d'avoir compris. Abordez par exemple la même question sous des angles différents pour obtenir davantage d'informations. Apprenez à lire entre les lignes et à développer de bonnes hypothèses sur ce que pourrait souhaiter votre chef. Essayez de vous mettre à sa place et de comprendre comment son supérieur à lui l'évaluerait. Quelle est votre place dans cette dynamique plus large ? Et surtout, ne laissez jamais planer la moindre ambiguïté sur les enjeux clés. En matière d'objectifs et d'attentes, l'ambiguïté est votre pire ennemie. Comme l'exprime un nouveau leader : « Un match nul (dans un désaccord au sujet de ce qui avait été dit des attentes lors d'une conversation antérieure) ne vous revient jamais, il revient à votre supérieur. »

Travailler avec plusieurs chefs

Les défis qui vous attendent sont encore plus lourds si vous avez plusieurs supérieurs ou si vous êtes basé sur un autre site que votre chef. Les mêmes principes fondamentaux s'appliquent, mais leur importance relative change. Si vous travaillez avec plusieurs supérieurs, vous devez veiller à répartir entre eux les réussites et les échecs perçus. Si l'un de vos supérieurs a, par exemple, beaucoup plus de pouvoir que les autres, il est pertinent d'aller dès le début un peu plus dans son sens que dans celui des autres, sous réserve de rééquilibrer ultérieurement les choses, dans toute la mesure du possible. Recueillir l'adhésion de plusieurs personnes n'est jamais chose facile et les conduire au consensus moins encore. Tout désaccord entre elles constitue une menace sérieuse pour votre action. Dans ce cas, vous n'aurez d'autre choix que de les obliger à se réunir autour d'une table pour essayer de trouver une solution.

Gérez l'éloignement

Le « travail à distance » présente un certain nombre de défis spécifiques. Le risque de vous égarer sans vous en rendre compte est naturellement plus élevé. C'est à vous qu'il incombe alors d'imposer à votre supérieur une discipline de communication et d'échanges réguliers encore plus rigoureuse. La définition d'indicateurs précis et exhaustifs est essentielle afin que votre supérieur dispose en permanence d'une image exacte de la situation et de vos actions, et que, de votre côté, vous disposiez de la latitude suffisante pour faire avancer les choses.

Préparation de la conversation sur le style

Les préférences de style des individus ont une incidence sur la façon dont ils apprennent, communiquent, influencent les autres et prennent des décisions. L'objectif ici est de définir la meilleure façon de travailler avec votre supérieur – comme a su le faire Michael Chen avec Vaughan Cates. Même si votre supérieur ne devient jamais un ami ou un mentor, il est essentiel qu'il respecte vos compétences professionnelles.

Diagnostiquez le style de votre supérieur

La première étape consiste à diagnostiquer le style de votre supérieur et à comprendre comment il peut fonctionner avec le vôtre. Si vous laissez un message à votre supérieure concernant un problème urgent et qu'elle tarde à vous répondre, pour ensuite vous reprocher de ne pas l'avoir tenue au courant, tenez-vous le pour dit : elle n'utilise pas sa boîte vocale !

Comment votre boss aime-t-il communiquer ? À quelle fréquence ? Dans quelles décisions souhaite-t-il être impliqué ? Quels sont ses horaires de travail ? Souhaite-t-il que ses collaborateurs fassent de même ?

Notez les différences entre son style et le vôtre et leurs implications sur la façon dont vous allez interagir. Imaginons que vous aimiez apprendre en discutant avec des personnes informées alors que votre supérieur préfère lire et analyser des données. Quels types d'incompréhensions et de problèmes cette différence risque-t-elle de favoriser et comment les éviter ? Ou encore, votre nouveau supérieur n'aime rien tant que s'immiscer dans le travail des autres alors que vous êtes féru d'indépendance. Comment allez-vous gérer cette tension ?

Vous trouverez peut-être utile de discuter avec des personnes qui ont travaillé avec votre supérieur. Naturellement, procédez avec circonspection. Veillez en particulier à ne pas être perçu comme encourageant les critiques. Limitez-vous aux questions les moins sensibles – la façon dont votre supérieur aime communiquer, par exemple. Écoutez le point de vue des autres, mais fiez-vous d'abord à votre propre expérience.

Observez également le comportement de votre supérieur avec les autres. A-t-il la même attitude à l'égard de tous ? Si non, pourquoi ? A-t-il des préférés ? A-t-il tendance à se montrer très intrusif sur certains sujets ? S'est-il montré très dur avec certaines personnes à cause de leur manque de résultats ?

Repérez les dimensions de votre boîte

Votre supérieur, c'est inévitable, aura des préférences quant à son niveau d'implication dans la prise de décision. Considérez que ses préférences définissent les frontières de votre propre autonomie de décision. Quels types de décisions votre supérieur considère-t-il de votre ressort mais souhaite-t-il néanmoins que vous abordiez avec lui ? Êtes-vous libre, par exemple, de prendre les décisions importantes en matière de ressources humaines ? Dans quelles circonstances souhaite-t-il que vous le consultiez avant de prendre une décision ? Lorsque des systèmes plus larges de l'organisation sont en cause, par exemple, accorder des congés aux collaborateurs ? Ou lorsque des enjeux politiques brûlants sont associés aux projets sur lesquels vous travaillez ? Quand veut-il prendre la décision lui-même ?

Au début, attendez-vous à être confiné dans une boîte relativement exiguë. À mesure que votre supérieur prendra confiance en vous, la boîte devrait s'agrandir. Si ce n'est pas le cas, ou si elle est trop petite pour vous permettre d'être efficace, vous devrez probablement prendre le taureau par les cornes et aborder directement la question avec votre chef.

Adaptez-vous au style de votre supérieur

Partez du principe que c'est à vous qu'il incombe de bâtir une relation positive avec votre supérieur. En d'autres termes, adaptez-vous à son style. S'il a horreur des boîtes vocales, rayez-les de votre vie. S'il a envie de savoir en détail ce qu'il se passe, inondez-le d'informations. Ne faites rien qui risquerait de compromettre votre capacité à obtenir de bons résultats, mais soyez ouvert à tout ce qui peut « huiler » les rouages de votre relation au quotidien. En vous renseignant auprès de ceux qui ont travaillé avec votre supérieur, vous en saurez un peu plus sur ses préférences. Puis, expérimentez les tactiques qui vous semblent les plus prometteuses dans votre cas. Dans le doute, demandez tout simplement à votre supérieur comment il souhaite que vous procédiez.

Affrontez les divergences

Si des différences de style importantes surgissent, le plus sage est de les mettre sur la table. Faute de quoi, vous courez le risque que votre supérieur interprète votre comportement comme un manque de respect ou même de l'incompétence. Abordez la question du style avant qu'elle ne devienne source d'irritation et discutez avec votre supérieur de la façon dont vous allez pouvoir vivre ensemble. Cette question résolue, vous aurez l'un et l'autre les mains plus libres pour atteindre vos objectifs.

Une stratégie qui a fait ses preuves consiste à orienter vos premières conversations sur les objectifs et les résultats, et non sur la façon de les atteindre. Expliquez à votre supérieur que vous êtes conscient que lui et vous ne fonctionnez pas sur le même mode, mais que vous êtes déterminé à obtenir les résultats dont vous êtes convenus ensemble. De la sorte, votre supérieur ne sera pas surpris de vous voir adopter une approche différente de celle que lui-même aurait utilisée. Il vous faudra peut-être rappeler régulièrement à votre supérieur de s'intéresser à vos résultats, pas à vos méthodes.

Il pourra également vous être utile de discuter de cet aspect des choses avec une personne en qui votre supérieur a confiance ; elle vous éclairera sur des difficultés et des solutions potentielles avant que vous ne les abordiez directement avec votre boss.

Ne commettez pas l'erreur d'essayer de régler plusieurs questions de style au cours d'une même conversation. Néanmoins, un échange explicitement consacré au style est une excellente façon de commencer. Sachez que vous devrez rester attentif au style de votre supérieur, et faire ce qu'il faut pour vous y adapter, à mesure que votre relation évoluera.

Préparation de la conversation sur les ressources

Vous allez devoir négocier avec votre nouveau supérieur pour obtenir les ressources dont vous avez besoin. Avant d'engager cette conversation, il est essentiel que vous soyez parvenu au préalable à une communauté de vues sur la situation, les objectifs et les attentes, et sur les termes d'une collaboration efficace.

Les ressources dont vous aurez besoin dépendront de la situation et évolueront avec le temps.

- Dans un contexte de start-up, vos besoins les plus urgents seront vraisemblablement des ressources financières adaptées, un soutien technique et des collaborateurs dotés des bons savoir-faire.
- Dans un contexte de redressement, vous aurez besoin d'autorité, appuyée par un soutien politique, pour prendre les décisions difficiles qui s'imposent et obtenir des ressources financières et humaines.
- Dans un contexte de redéfinition, vous ressentirez la nécessité d'un soutien constant et officiel pour amener l'organisation à accepter la nécessité de changer. Dans l'idéal, votre supérieur se tiendra à vos côtés et vous épaulera, vous aidant à vaincre le déni et la complaisance.
- Dans un contexte de pérennisation, il vous faudra des ressources financières et techniques pour soutenir le cœur de métier et exploiter de nouvelles opportunités prometteuses. Des encouragements périodiques vous aideront à fixer des objectifs ambitieux qui vous garderont de tomber dans la complaisance.

De quelles ressources, tangibles et intangibles, avez-vous besoin pour réussir ? C'est la première question que vous devez vous poser. Inventoriez les ressources déjà disponibles, collaborateurs expérimentés ou nouveaux produits prêts à être lancés, par exemple. Ensuite, identifiez les ressources que vous ne pourrez pas obtenir seul. Sur quels éléments l'aide de votre supérieur est-elle indispensable ? Caractérisez ces éléments. Plus tôt vous aurez défini vos besoins, plus tôt vous pourrez en discuter avec votre boss.

Plus tôt vous mettez sur la table le plus de choses possible, mieux cela vaut. Utilisez l'approche dite de la « liste d'options », en exposant les coûts et les bénéfices associés aux différents niveaux d'engagement des ressources. « Si vous voulez que j'augmente mes ventes de 7 % l'année prochaine, j'ai besoin d'un investissement de x €. Si vous voulez une croissance de 10 %, j'aurai besoin de tant. » Revenir trop souvent à la fontaine est le meilleur moyen d'entamer votre crédibilité. S'il vous faut un peu plus de temps pour définir les ressources dont vous avez besoin pour atteindre des objectifs spécifiques, n'essayez pas d'accélérer inutilement les choses. Michael Chen a négocié le temps nécessaire – une ressource clé – de façon à éviter ce problème.

Devez-vous jouer le jeu ou en changer les règles ?

Dans certaines situations, il vous sera possible d'atteindre vos objectifs en jouant la partie selon les règles existantes. Si vous parvenez à manœuvrer dans le cadre des normes culturelles et politiques en vigueur, l'organisation considérera comme légitimes vos demandes de ressources – et vous aurez moins de mal à obtenir ce que vous voulez.

Dans d'autres situations, en revanche, et notamment dans celles de redéfinitions et de redressements, il vous faudra peut-être changer ou même abandonner des pratiques établies. Vos besoins en ressources seront plus importants et si vous ne parvenez pas à les réunir, les conséquences seront plus graves. Vous devrez davantage négocier pour obtenir ce que vous voulez. Il est donc essentiel que vous déterminiez la combinaison situation-attentes-ressources qui vous donne une chance raisonnable de succès. Définissez vos besoins avant d'entamer les discussions, chiffres et données à l'appui, et soyez prêt à expliquer pourquoi vous considérez certaines ressources comme indispensables. Et puis… tenez bon. Revenez à la charge. Trouvez des alliés au sein de l'organisation et à l'extérieur. Mieux vaut en faire un peu trop que de vous vider lentement de votre sang.

Négociez les ressources

Lors de votre chasse aux ressources, gardez dans un coin de votre tête ces quelques principes de négociation efficace :

- Concentrez-vous sur les intérêts sous-jacents. Ne vous arrêtez pas à la surface des choses. Cherchez à connaître les priorités de votre supérieur et de toute autre personne dont vous avez besoin pour obtenir des ressources. Quels sont les enjeux pour eux ?
- Recherchez des échanges mutuellement bénéfiques. Recherchez des ressources qui soutiennent les priorités de votre supérieur tout en faisant progresser les vôtres. Trouvez des moyens d'aider

vos collègues dans leur projet en échange de l'aide qu'ils apportent au vôtre.

- Liez les ressources aux résultats. Mettez en lumière les améliorations de performances qui en résulteront si davantage de ressources sont allouées à votre unité. Élaborez une liste présentant ce que vous pouvez (et ne pouvez pas) accomplir avec les ressources actuelles et déclinez ces projections pour différentes allocations de ressources.

Préparation de la conversation de développement personnel

Enfin, lorsque votre relation avec votre supérieur aura progressé, vous pourrez envisager d'aborder avec lui la question des apports de votre nouveau poste en termes de développement personnel. Quelles compétences devez-vous renforcer pour mieux faire votre travail ? Vos aptitudes de management présentent-elles des lacunes que vous devez essayer de combler ? Y a-t-il des projets ou des missions auxquels vous pourriez participer qui pourraient renforcer vos compétences ? Des programmes de formation sont-ils disponibles ?

Il est tout à fait essentiel d'avoir cette démarche si votre nouveau poste représente un passage clé de votre carrière. Si vous accédez pour la première fois à des fonctions de management, prenez l'habitude de demander son feed-back et son aide à votre supérieur pour développer vos compétences d'encadrement. Vous avez tout à gagner à vous montrer avide d'apprendre et de progresser.

Ce principe fondamental vaut également si vous devenez « manager de managers » pour la première fois, responsable fonctionnel, directeur général ou PDG. Chaque fois que vous vous retrouvez à un stade de votre carrière où la réussite exige des compétences et des aptitudes nouvelles, soyez déterminé à apprendre de personnes qui sont passées par là avant vous.

Ne limitez pas votre horizon d'apprentissage aux compétences « dures ». Plus vous vous élevez dans la hiérarchie, plus les compétences « molles » de diagnostic culturel et politique, de négociation, de construction de coalitions et de gestion des conflits deviennent importantes. La formation peut aider, mais rien ne remplace la pratique et l'expérience – participation à des équipes projet, missions dans d'autres parties de l'organisation, dans différentes fonctions, sur différents sites.

Synthétiser le tout : votre plan des 90 premiers jours

Quelle que soit la situation dont vous héritez, il vous sera utile de préparer un plan de vos 90 premiers jours et de le soumettre à votre supérieur. Ne prévoyez pas de vous y atteler avant une quinzaine de jours, le temps généralement nécessaire au manager pour se familiariser avec sa nouvelle organisation.

Mettez votre plan par écrit, même s'il consiste en une simple liste. Il doit spécifier vos priorités et vos objectifs ainsi que les jalons clés. Il est essentiel que vous le soumettiez à votre supérieur et que celui-ci le valide. C'est un « contrat » que vous passez tous les deux, qui définit précisément ce que vous allez faire et ce que vous ne ferez pas.

Pour commencer, divisez les 90 jours en trois périodes de 30 jours. À la fin de chaque période, prévoyez une réunion de mise au point avec votre supérieur. (Naturellement, il est probable que vous travaillerez aussi ensemble entre ces jalons !) Les 30 premiers jours seront consacrés à apprendre et à établir votre crédibilité. Comme Michael Chen, il est probable que vous devrez négocier cette période d'apprentissage avec votre supérieur et veiller ensuite à ce qu'il respecte cet accord. À partir de là, vous pourrez définir votre projet et votre plan d'apprentissage. Fixez-vous des objectifs hebdomadaires et prévoyez de faire le point sur vos progrès et sur l'avancement de votre plan chaque semaine.

À la fin de ce premier mois, vous devrez avoir accompli le diagnostic de la situation, identifié vos priorités clés et établi un plan pour les 30 jours suivants. Ce plan définit où et comment vous allez rechercher des victoires rapides. Au cours de la réunion avec votre supérieur, abordez en priorité la situation et les attentes, en vue de parvenir à un consensus sur le diagnostic, ce qu'il attend précisément de vous et votre plan pour les 30 jours suivants. Continuez à évaluer vos progrès toutes les semaines.

Au jalon des 60 jours, votre réunion avec votre supérieur visera à valider les progrès accomplis vers les objectifs de votre plan pour les 30 jours précédents. Discutez également avec votre chef de ce que vous projetez d'accomplir au cours des 30 jours suivants (c'est-à-dire d'ici à la fin des 90 jours). Selon la situation et votre niveau de responsabilités, vos objectifs à ce stade seront par exemple d'identifier les ressources nécessaires pour conduire des initiatives importantes, de compléter et d'affiner vos premières conclusions concernant la structure et la stratégie, et de présenter les premières évaluations des membres de votre équipe.

Vos nouveaux habits de chef

Enfin, vous n'aurez pas seulement un nouveau supérieur ; il est probable que vous serez aussi un nouveau chef. Vous aurez très certainement de nouveaux subordonnés. De même qu'il est crucial que vous développiez une relation productive avec votre nouveau patron, eux aussi ont besoin de travailler efficacement avec vous. Par le passé, avez-vous su aider des subordonnés à accomplir leurs propres transitions ? Que pourriez-vous faire différemment cette fois ?

Règle d'or de la transition

Pensez à l'aide que vous voudriez que vos nouveaux supérieurs vous apportent lorsque vous prenez un nouveau poste. Dans l'idéal, quel type de conseils et de soutien vous apporteraient-ils ? Ensuite, pensez à la façon dont vous vous comportez avec vos nouveaux subordonnés directs. Quels types de conseils et de soutien leur apportez-vous ? Enfin, rapprochez les deux. Accompagnez-vous les autres dans leurs transitions comme vous voudriez être accompagné ? Si ce n'est pas le cas, il va falloir réagir !

Aider ses subordonnés directs à accélérer leur transition va au-delà de l'accompagnement et du développement qu'un bon manager se doit d'apporter à ses équipes. Plus vite vos nouveaux collaborateurs prendront leur rythme de croisière, mieux ils seront à même de vous aider à atteindre vos objectifs.

Réfléchissez à la façon dont vous pourriez appliquer les conseils réunis dans ce chapitre à vos subordonnés directs. La règle d'or de la transition est d'accompagner les autres comme on voudrait soi-même être accompagné (voir l'encadré « Règle d'or de la transition »). Le cadre des cinq conversations que nous avons défini plus haut pourra ainsi vous aider à établir des relations productives avec les collaborateurs placés sous votre autorité. Présentez-leur la démarche dès le début et programmez une première conversation avec chacun d'eux pour discuter de la situation et de vos attentes. Demandez-leur de préparer le rendez-vous – par exemple en lisant le Chapitre 3 sur l'adaptation de la stratégie à la situation. Voyez comment vous pourriez accélérer leur transition.

Enfin, cherchez à apprendre des mauvais patrons comme des bons. C'est plus ou moins inévitable : à un moment ou un autre de votre carrière, vous hériterez d'un supérieur médiocre. « J'ai plus appris de mes mauvais chefs que des bons » est une phrase qui revient très souvent dans la bouche des managers. Les moins brillants de leurs supérieurs, en effet, les ont obligés à réfléchir à l'impact que peut avoir un mauvais chef. Si vous vous retrouvez dans cette situation, efforcez-vous de repérer les erreurs de votre supérieur et réfléchissez à ce que feraient les bons managers en pareille circonstance… et tirez-en les enseignements pour vous-même.

POUR ACCÉLERER LA TRANSITION

1. Quelles relations aviez-vous bâties avec vos précédents supérieurs ? Qu'aviez-vous bien fait ? Sur quels points avez-vous besoin de progresser ?
2. Planifiez la conversation sur le diagnostic de la situation. Sur la base de vos connaissances actuelles, quelles questions aborderez-vous avec votre supérieur lors de cette conversation ? Que voulez-vous lui dire en premier ? Dans quel ordre souhaitez-vous aborder les questions ?
3. Planifiez la conversation sur les attentes. Comment allez-vous découvrir ce que votre nouveau supérieur attend de vous ?
4. Planifiez la conversation sur le style. Qu'allez-vous faire pour découvrir comment votre supérieur souhaite interagir avec vous ? Quel mode de communication préfère-t-il (e-mail, messagerie vocale, entretiens) ? À quelle fréquence devez-vous vous rencontrer ? Quel type d'informations devez-vous lui fournir et à quel niveau de détail ? Sur quelles questions devez-vous le consulter avant de prendre une décision ?
5. Planifiez la conversation sur les ressources. Étant donné ce que vous devez faire, quelles ressources sont absolument indispensables ? Avec des ressources plus limitées, à quoi devrez-vous renoncer ? Si vous disposiez de davantage de ressources, quels en seraient les bénéfices ? Dites-le avec des chiffres !
6. Planifiez la conversation sur le développement personnel. Quelles sont vos forces et où avez-vous besoin de progresser ? Quels types de projets ou de missions pourraient vous aider à développer les compétences requises ?

Chapitre 6

HARMONISEZ

Forte d'une longue expérience du conseil en ressources humaines, Hannah Jaffey accepta le poste de vice-présidente chargée des ressources humaines d'une société d'investissements. L'entreprise souffrait de tels conflits internes que certains dirigeants ne s'adressaient quasiment plus la parole. La mission d'Hannah consistait à aider le président à placer les bonnes personnes aux bons postes – et à redresser la situation.

Hannah ne tarda pas à se rendre compte que la structure de l'entreprise et son système de motivation avaient eux aussi besoin d'une sérieuse refonte. Au fil du développement de la société, ses dirigeants avaient organisé les nouveaux produits en autant de *business units*. Du fait des évolutions récentes du marché, les clientèles de plusieurs divisions se recoupaient, mais les unités n'étaient pas incitées à coopérer. Le résultat ? Des clients désorientés et des conflits entre divisions qui se disputaient la « propriété » des relations clients clés.

Convaincue que l'entreprise ne pourrait faire l'économie d'une réorganisation, Hannah alla voir son nouveau patron, le président de la société. Elle lui exposa sa vision de la situation, sans toutefois réussir à le convaincre. « Le problème, lui dit-il, ce sont les hommes. La structure organisationnelle a très bien fonctionné par le passé ; avec les bons collaborateurs en place, elle retrouvera son efficacité. »

Mais Hannah ne se laissa pas démonter et remit la question sur le tapis chaque fois que l'occasion s'en présentait. Elle attira l'attention de son supérieur sur des situations dans lesquelles la diversité des systèmes de rémunération et de récompenses attisait inutilement les conflits. Elle constitua un dossier d'information très complet sur les moyens mis en œuvre et les méthodes retenues par d'autres entreprises confrontées à des problèmes similaires. Il lui fallut un peu de temps mais Hannah réussit à convaincre son président que l'entreprise avait autant besoin de changements structurels que de changements de personnel.

L'entreprise réorienta les actions de ses unités marketing et commerciales sur les clients – et non plus sur les produits – et regroupa les opérations au sein d'une structure unique, au service de toutes les unités. Dans le même temps, le président recruta un nouveau directeur commercial. Un an plus tard, l'entreprise fonctionnait sans heurts, la satisfaction des clients était en hausse et les bénéfices avaient progressé de 15 %.

Plus vous occupez un poste élevé dans la hiérarchie, plus votre rôle s'apparente à celui d'un architecte organisationnel : vous créez le contexte dans lequel les autres vont pouvoir réaliser de meilleures performances. Aussi charismatique soyez-vous, vous ne parviendrez pas à grand-chose si les éléments clés de votre unité ne sont pas au diapason les uns des autres. Tel Sisyphe aux Enfers, vous auriez l'impression de repousser tous les matins le même rocher sur la pente de la montage.

Si la stratégie, la structure, les systèmes et les compétences sont de votre ressort dans votre nouveau poste, vous devrez commencer par analyser l'architecture de votre organisation et par évaluer l'alignement de ses éléments clés. Au cours des premiers mois, vous ne pouvez espérer faire beaucoup plus que conduire un solide diagnostic et vous préparer éventuellement à travailler sur les problèmes d'alignement. Mais vous devez inclure dans votre plan des 90 premiers jours l'évaluation de l'architecture de votre groupe et l'identification des domaines de progrès.

Une fois identifiés les principaux enjeux, vous pourrez commencer à prendre des décisions pour aligner la stratégie, la structure, les systèmes et les compétences au cours de votre transition, mettant ainsi en place les conditions nécessaires à l'amélioration des résultats. Naturellement, ce n'est pas une chose que vous pourrez accomplir en quelques mois. Mais il est essentiel que vous commenciez à réfléchir à des solutions aux problèmes d'alignement les plus urgents. Ce peut même être un moyen clé de créer de la valeur et d'atteindre le seuil de rentabilité dans votre nouvelle organisation.

Même si, à l'instar d'Hannah Jaffey, vous ne disposez pas de l'autorité nécessaire pour faire évoluer seul votre nouvelle organisation, lisez ce chapitre. Il vous faudra peut-être convaincre des collaborateurs influents – votre chef ou vos collègues – que certains décalages constituent des obstacles majeurs à l'amélioration des performances de l'entreprise. En outre, une compréhension globale de la cohérence de l'organisation pourra vous aider à asseoir votre crédibilité auprès de vos supérieurs – et à démontrer votre potentiel de développement à des postes plus élevés.

Concevoir l'architecture de l'organisation

Commencez par envisager votre rôle comme celui de l'architecte de votre unité ou de votre groupe. Vous êtes peut-être déjà familier de cette démarche, mais ce n'est toutefois pas ce que l'on observe en règle générale. Rares sont en effet les managers qui reçoivent une formation systématique au « design organisationnel ». Parce que c'est un domaine sur lequel ils ont peu de prise en début de carrière, ils n'en ont qu'une expérience limitée. Combien de fois entend-on des cadres pester contre l'inadéquation de la stratégie et des moyens, vilipendant les « andouilles d'en haut » qui ne font rien pour éliminer des sources de dysfonctionnements pourtant évidentes. N'oubliez pas, toutefois, que lorsque vous accédez à un poste de cadre moyen, vous faites déjà presque partie des « andouilles » en question. Vous seriez donc avisé de vous familiariser le plus rapidement possible avec l'architecture organisationnelle.

Pour que votre groupe soit en position d'atteindre ses objectifs, cinq éléments de l'architecture de l'organisation doivent fonctionner ensemble[1] :

- la stratégie : l'approche centrale que l'organisation utilisera pour atteindre ses objectifs ;
- la structure : la façon dont les collaborateurs sont répartis en unités et les modes de coordination de leur travail ;

- les systèmes : les processus utilisés pour ajouter de la valeur ;
- les compétences : les capacités des différents groupes de collaborateurs dans l'organisation ;
- la culture : les normes, les valeurs et les hypothèses qui modèlent les comportements.

Il est certes indispensable de disposer d'une stratégie définie pour progresser efficacement dans la direction voulue. Reste que si un seul de ces cinq éléments n'est pas aligné, même la meilleure stratégie restera sans effet. La stratégie pilote les autres éléments *et* elle est influencée par eux. Par exemple, si vous décidez de modifier la stratégie de votre groupe, il est probable que vous devrez également faire évoluer sa structure, ses systèmes et ses compétences. Comme le montre la Figure 6.1, définir votre stratégie et aligner les éléments qui la soutiennent doivent aller de pair.

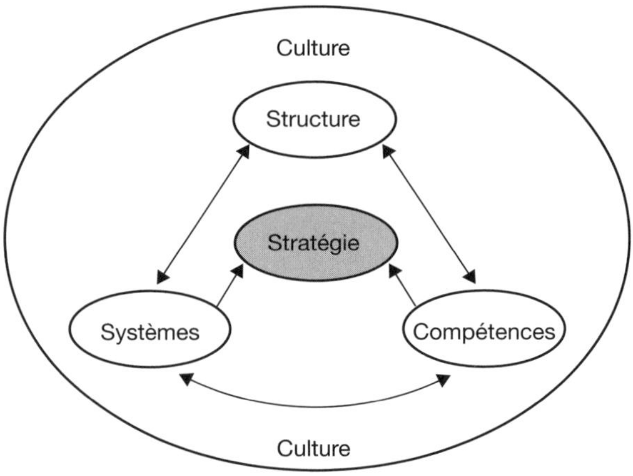

Figure 6.1 : Les éléments de l'architecture organisationnelle

Repérer les incohérences

Une organisation peut être bancale de différentes manières. Au cours des trois premiers mois de votre prise de fonctions, votre objectif sera d'identifier les incohérences potentielles, puis de concevoir un plan pour les corriger. Nous vous proposons ci-dessous un panorama des situations les plus courantes.

Défaut d'alignement des compétences et de la stratégie

Imaginons que vous soyez à la tête d'une équipe de recherche-développement et que votre objectif soit d'augmenter le nombre d'idées de nouveaux produits générées par votre équipe. Votre groupe, toutefois, ne connaît pas les techniques et les outils les plus récents grâce auxquels vous pourriez démultiplier expériences et expérimentations. Dans ce cas, les compétences de votre équipe ne soutiennent pas sa stratégie.

Défaut d'alignement des systèmes et de la stratégie

Vous dirigez un groupe marketing dont la stratégie est de cibler ses actions sur un nouveau segment de clientèle. Si le groupe n'a pas défini une méthode efficace de collecte et d'analyse des informations concernant ces consommateurs, les systèmes de votre groupe ne soutiennent pas sa stratégie.

Défaut d'alignement de la structure et des systèmes

Vous pilotez un groupe de développement produit dont les membres sont organisés par ligne de produit – l'idée étant d'affecter une expertise technique spécialisée à des produits donnés. Mais cette structure présente un inconvénient : le groupe ne dispose pas de systèmes efficaces pour intégrer l'expertise commune aux différentes équipes produit. Le défaut d'alignement de la structure et des systèmes qui en résulte constitue un obstacle au fonctionnement optimal du groupe dans son ensemble.

Éviter les chausse-trappes

Trop de managers répondent à des problèmes complexes de défauts d'alignement par des remèdes simplistes. Gardez-vous des pièges suivants :

Essayer de restructurer pour résoudre des problèmes plus profonds

Refondre la structure de votre unité en temps difficiles, c'est un peu comme remettre de l'ordre dans les chaises longues sur le pont du *Titanic*. Résistez donc à la tentation jusqu'à ce que vous soyez certain que la restructuration résoudra bien les problèmes de fond. Faute de quoi, vous risquez d'amplifier les dysfonctionnements ou d'en créer de nouveaux, et de devoir faire machine arrière, perturbant votre groupe, diminuant la productivité et sapant votre crédibilité.

Créer des structures trop complexes

Même si la création d'une structure, matricielle par exemple, favorisant la transversalité et l'autonomie des collaborateurs peut sembler une bonne chose sur le papier, cela se traduit bien souvent dans les faits par un surcroît de bureaucratie et par la paralysie. Chaque fois que possible, privilégiez des lignes hiérarchiques précises. Simplifiez la structure autant qu'elle peut l'être sans transiger sur vos objectifs clés.

Automatiser des processus non performants

L'automatisation des processus clés de votre groupe peut générer des gains importants de productivité, de qualité et de fiabilité. Ce serait toutefois une erreur que de considérer que la seule technologie puisse améliorer un processus défaillant. Bien loin de résoudre les problèmes, l'automatisation risque au contraire de les amplifier. Commencez par analyser et optimiser les processus ; il sera ensuite temps de décider si leur automatisation présente un intérêt.

Changer pour changer

Résistez à la tentation de jeter à bas des clôtures avant de savoir pourquoi elles ont été érigées. Les nouveaux managers qui se sentent obligés d'imposer leur marque sur l'organisation cèdent souvent à la tentation d'apporter des changements à la stratégie ou à la structure avant même de bien comprendre l'entreprise et ses activités. L'impératif de l'action, comme nous l'avons vu dans le Chapitre 2, est ici aussi le plus court chemin vers la catastrophe.

Surestimer la capacité de votre groupe à absorber des revirements stratégiques

Concevoir une nouvelle stratégie ambitieuse est une chose. La déployer en est une autre. Il est toujours difficile à un groupe de changer en réponse à des évolutions stratégiques radicales. Si cela vous est possible, préférez avancer par petites touches, progressivement. Ciblez un nombre limité de priorités vitales. Apportez des changements modestes à la stratégie de votre groupe ; expérimentez ; puis affinez progressivement la structure, les processus, les compétences et la culture.

Avant de partir

Aligner une organisation, c'est un peu comme se préparer pour un long voyage en bateau. D'abord, vous choisissez votre destination (la mission et les objectifs) et votre trajet (la stratégie). Ensuite, vous décidez du type de bateau dont vous avez besoin (la structure), des équipements (les systèmes) et enfin de l'équipage (les compétences). Tout au long du voyage, vous gardez l'œil aux aguets pour repérer les récifs qui ne seraient pas portés sur les cartes.

En d'autres termes, l'alignement d'une organisation répond à une logique. Modifier la structure avant d'avoir défini la stratégie ne mènera pas à grand-chose de bon. De la même manière, vous ne pouvez pas savoir de quel équipage vous avez besoin tant que vous n'avez pas choisi votre destination, votre trajet et le bateau.

1. D'abord, la stratégie. Commencez par analyser la position de votre unité par rapport aux objectifs de l'organisation et à vos priorités de résultats. Veillez à ne rien laisser de côté et à ce que votre stratégie soit cohérente avec vos propres objectifs et ceux de l'organisation.

2. Recherchez la structure, les systèmes et les compétences correspondants. Ensuite, déterminez si la structure, les systèmes et les compétences actuels de votre groupe peuvent soutenir les changements que vous envisagez d'apporter à la stratégie. Si l'un ou l'autre de ces éléments se révèle inadapté, réfléchissez à la façon dont vous pourriez infléchir votre stratégie et développer (ou acquérir) les capacités dont vous avez besoin.

3. Décidez comment et quand vous introduirez la nouvelle stratégie. Sur la base de cette compréhension plus fine des capacités actuelles de votre groupe, définissez votre feuille de route pour le déploiement de votre nouvelle stratégie (si nouvelle stratégie il y a, naturellement). Ébauchez les grandes lignes du changement en termes de positionnement (marchés, consommateurs, fournis-

seurs) et de capacités support. Et puis, adoptez un calendrier réaliste.

4. Remodelez en même temps la structure, les systèmes et les compétences. Remodeler la structure de votre groupe avant d'avoir cerné les implications d'une évolution des systèmes et des compétences n'aurait guère de sens. Ne traitez pas séparément la structure et les systèmes : ils sont étroitement liés.
5. Bouclez la boucle. À mesure que vous connaîtrez mieux la structure, les systèmes et les compétences de votre groupe, vous aurez une vision plus précise des capacités de votre équipe et de son aptitude au changement, vision qui vous permettra de mesurer avec plus de précision comment vous pouvez faire évoluer le positionnement stratégique et à quel horizon.

Ciseler la stratégie

Une stratégie bien étudiée et cohérente permettra à votre groupe d'atteindre ses objectifs et contribuera à la compétitivité de l'organisation dans son ensemble. Il s'agit de définir ce que votre groupe va faire et, tout aussi important, ce qu'il ne fera pas.

Les enjeux stratégiques majeurs concernent les clients, le capital, les moyens et les engagements. Brossez les grandes lignes de la stratégie de votre unité en vous aidant de la liste ci-dessous.

Clients

Quels groupes actuels de clients allons-nous continuer à servir ? De quels marchés allons-nous sortir ? Sur quels nouveaux marchés allons-nous prendre pied et quand ?

Capital

Parmi les activités que nous conservons, dans lesquelles allons-nous investir ? De quelles ressources financières supplémentaires aurons-nous besoin et quand ? Où les trouverons-nous ?

Capacités et moyens

Que savons-nous faire ? Où se situent nos domaines de progrès ? Quelles capacités organisationnelles existantes (par exemple, une organisation de développement de nouveaux produits solide) pouvons-nous exploiter ? Lesquelles devons-nous renforcer ? Devons-nous acquérir ou créer des capacités ? Lesquelles ?

Engagements
Quelles décisions essentielles d'affectation des ressources devons-nous prendre ? Quand ? Quels engagements antérieurs difficiles à dénouer devons-nous assumer ou essayer de défaire ?

Il n'entre pas dans le propos de ce livre de consacrer de longs développements à la stratégie mais il existe d'excellents ouvrages sur le sujet. (Voir en fin d'ouvrage.) Notre objectif ici est en effet d'évaluer la stratégie en analysant sa cohérence, sa pertinence et sa mise en œuvre.

Cohérence

Une logique sous-tend-elle les choix des segments de marchés, les produits, les technologies, les plans et les objectifs qui composent la stratégie ? Évaluer la cohérence de l'ensemble exige en effet d'identifier la logique selon laquelle ses différents éléments s'articulent. Les personnes qui ont conçu la stratégie ont-elles envisagé toutes ses ramifications possibles et les aspects pratiques de sa mise en œuvre ?

Comment évalue-t-on la logique d'une stratégie ? Commencez par vous plonger dans les documents qui décrivent la stratégie de votre groupe : plans stratégiques et missions notamment. Ensuite, décomposez la stratégie en ses différents éléments : marchés, produits, technologies, plans fonctionnels et objectifs. Ses différentes dimensions se soutiennent-elles les unes les autres ? Pour être plus précis, observe-t-on un lien évident entre les analyses de marché et les objectifs du groupe ? Le budget de développement produit est-il cohérent avec les investissements en capitaux prévus dans la partie opérations de la stratégie ? Les plans sont-ils en place pour former la force de vente aux nouveaux produits en développement ?

Si la stratégie est globalement cohérente, identifier ce type de connexions ne devrait pas poser de problèmes.

Pertinence

La stratégie est-elle à la hauteur de ce que le groupe se doit d'accomplir au cours des deux ou trois ans à venir ? Aidera-t-elle votre groupe à soutenir les objectifs de l'organisation dans son ensemble ? La stratégie de votre unité est-elle pertinente ? En d'autres termes, donnera-t-elle à votre unité les moyens de faire ce qu'il faut pour réussir – et aider l'organisation au sens large à réussir – dans les deux ou trois ans à venir ?

Utilisez les trois approches suivantes pour évaluer la pertinence de la stratégie :

Questionnez

Votre supérieur considère-t-il que la stratégie générera suffisamment de retours par rapport aux efforts qu'engagera votre unité pour la mettre en œuvre ? Des plans sont-ils en place pour obtenir, développer et préserver les ressources nécessaires ? Les bénéfices et les autres résultats cibles sont-ils suffisamment élevés pour maintenir l'unité sur la bonne voie ? Des sommes suffisantes sont-elles affectées aux investissements ? À la recherche ?

Utilisez la méthode SWOT

Analysez les forces, les faiblesses, les opportunités et les menaces associées à cette stratégie[2]. En voici quelques exemples :

- force d'une stratégie : flexibilité pour développer et lancer de nouveaux produits en réponse aux changements rapides des préférences des consommateurs ;
- faiblesse d'une stratégie : dépendre d'un petit nombre de produits vieillissants ;
- opportunité d'une stratégie : un nouveau marché que votre groupe peut servir en prolongeant une marque existante ;
- menace d'une stratégie : un concurrent prend pied sur un marché majeur pour votre groupe avec une nouvelle technologie supérieure.

Étudiez l'histoire de la création de la stratégie

Découvrez qui a conduit le processus de développement de la stratégie. Le processus a-t-il été mené un peu vite ? A-t-il traîné en longueur ? Dans le premier cas, toutes les ramifications n'ont peut-être pas été explorées. Dans le second, il s'agit peut-être d'un compromis qui a émergé à l'issue d'une lutte politique. Toute erreur

pendant la phase de développement est susceptible de compı
tre la pertinence de la stratégie.

Mise en œuvre

La stratégie a-t-elle été pleinement mise en œuvre ? Si non, pourquoi ? Analysez ensuite la façon dont la stratégie de votre propre groupe est mise en œuvre – ce que font les collaborateurs, pas ce qu'ils disent. Cela vous aidera à déterminer si les problèmes découlent d'incohérences au niveau la formulation de la stratégie ou au niveau de sa mise en œuvre. Posez-vous les questions suivantes :

- Les indicateurs de performances mentionnés dans la stratégie sont-ils utilisés pour prendre les décisions au jour le jour ?
- Les critères de performances utilisés par le management sont-ils réellement cohérents avec l'orientation de la stratégie ? Quels objectifs l'organisation semble-t-elle vouloir atteindre ?
- Si la stratégie requiert un travail d'équipe et l'intégration de plusieurs fonctions, les collaborateurs manifestent-ils les comportements correspondants ?
- Si la stratégie exige de disposer de compétences nouvelles, une infrastructure de formation est-elle en place pour développer ces compétences ?

Vous poser ce type de questions vous aidera à déterminer si c'est sur la stratégie déclarée de votre unité ou sur sa mise en œuvre qu'il faut essayer d'agir.

Infléchir la stratégie

Imaginons que vous découvriez que la stratégie qui a été mise en place avant votre arrivée présente des lacunes ou des incohérences graves. Est-il envisageable de la modifier ou de modifier la façon dont elle est mise en œuvre ? Cela dépendra de deux facteurs : le type de situation ST$_A$RS dont vous héritez et votre capacité à convaincre les autres et à les rallier à vos idées.

C'est dans les redéfinitions qu'il est le plus difficile de proposer des changements de stratégie majeurs. Vous devrez en effet convaincre des personnes qui considèrent que l'approche en place permet à leur équipe d'obtenir des résultats satisfaisants. Si vous estimez que la stratégie a conduit le groupe dans une mauvaise direction, votre première tâche est de sensibiliser votre supérieur et les autres à la nécessité de réexaminer la stratégie. Soumettez-leur des questions qui les feront réfléchir :

- Si nous menions ce plan à bien, quels résultats imprévus cela pourrait-il avoir ?
- À mon sens, ce plan vise à servir un marché plus large. Est-ce réellement ce que nous voulons ?
- Ce plan est très offensif. Quels autres objectifs devrons-nous laisser de côté pour le mener à bien ?

Si vous estimez que la stratégie existante exige d'être revue, le plus sage consistera à l'infléchir par petites touches au début et à planifier des changements plus importants pour la suite. Révisez légèrement à la hausse les objectifs de chiffre d'affaires ou recommandez, par exemple, d'investir sans tarder dans une technologie dont votre groupe a besoin. N'engagez pas de grands changements avant de disposer d'une connaissance solide de votre nouvel environnement et de vous être acquis le soutien des groupes d'intérêts clés.

Modeler la structure de votre groupe

Une fois identifiés les changements à apporter à la stratégie de votre groupe, vous pourrez vous atteler à faire évoluer la structure dans le sens souhaité pour votre nouvelle stratégie.

Qu'entend-on précisément par « structure » ? La structure de votre groupe désigne la façon dont les collaborateurs et les technologies sont organisés en vue de soutenir la stratégie[3]. Elle se compose des éléments suivants :

- unités : la façon dont vos subordonnés directs sont regroupés – par fonction, produit ou zone géographique par exemple ;
- droits de décision : qui a le droit de prendre quel type de décision et comment ;
- évaluation des performances et systèmes de récompense : nature des indicateurs de performance, des outils d'évaluation et des systèmes de récompense en place ;

- relations de *reporting* et mécanismes de partage de l'information : mécanismes de suivi et de contrôle de l'exécution des tâches et modes de partage de l'information et de prise de décision de haut niveau.

Évaluez la structure

Avant de réfléchir à la façon dont vous pourriez faire évoluer la structure de votre groupe, étudiez les interactions entre les quatre éléments. Sont-ils discordants ou en harmonie ? Posez-vous les questions suivantes :

- La façon dont les membres de l'équipe sont regroupés nous aide-t-elle à atteindre nos objectifs clés ? Les bonnes personnes sont-elles aux bons endroits pour progresser vers nos objectifs centraux ?
- Notre structure de prise de décision nous permet-elle de prendre efficacement les meilleures décisions ?
- Évaluons-nous et récompensons-nous le type de réalisations qui comptent le plus dans la perspective de notre dessein stratégique ?
- Nos relations de *reporting* favorisent-elles le partage des bonnes informations au bon moment et un suivi des tâches qui accompagne notre stratégie ?

Si vous êtes dans une situation de start-up – et que vous constituez un nouveau groupe – vous n'aurez pas de structure existante à évaluer. Réfléchissez donc à la façon dont vous voulez que les éléments structurels s'articulent au sein de votre équipe.

Arbitrez

Il n'y a pas d'organisation parfaite ; elles sont toutes, à un degré ou un autre, le produit d'arbitrages. Quelle est la bonne alchimie pour *votre* situation, c'est ce que vous allez devoir déterminer. Faire évoluer la structure d'un groupe ne va pas sans soulever certains problèmes. En particulier :

La base de connaissances de votre équipe est trop étroite ou trop large

Réunir des personnes possédant des expériences et des compétences similaires permet de disposer d'expertises approfondies. Mais lorsque leur base de savoir-faire devient trop spécialisée, ce sont les silos et le cloisonnement qui menacent, avec tout ce que cela implique de conséquences négatives en termes d'échanges et de partages d'expériences. Les groupes présentant un éventail étendu de compétences, bien qu'ils doivent s'attacher à développer une expertise plus spécialisée, seront généralement mieux à même d'intégrer leurs savoirs respectifs.

Les collaborateurs ont trop ou pas assez de marge de décision

Un bon principe à adopter : les décisions doivent être prises par les personnes les plus compétentes pour le faire, dans la mesure où le système de rémunération les encourage à agir au mieux de l'intérêt de l'entreprise. Un processus de décision centralisé présente l'avantage de vous permettre de prendre rapidement des décisions. Mais ce faisant, vous courez le risque de vous priver de l'avis éclairé de collaborateurs plus compétents que vous pour prendre certaines de ces décisions. Outre qu'elle risque de déboucher sur des décisions mal ou insuffisamment informées, une structure qui concentre le pouvoir de décision entre les mains de quelques uns peut devenir lourde à assumer pour eux. Cela étant, si les collaborateurs ont toute latitude pour prendre des décisions mais qu'ils ne mesurent pas les implications plus larges de leurs choix, ils risquent de commettre des erreurs.

Le système de récompense est inadapté

Les managers efficaces alignent les intérêts de chaque « décideur » sur ceux du groupe dans son ensemble. C'est la raison pour laquelle les systèmes de motivation fondés sur les résultats collectifs fonctionnent bien dans certaines organisations : ils concentrent l'attention de tous les membres sur la capacité du groupe à travailler ensemble. Les problèmes surgissent lorsque les méthodes d'évaluation et de rémunération ne récompensent les individus ni pour leurs efforts individuels ni pour leurs efforts collectifs. Les choses sont tout aussi problématiques lorsque les systèmes de récompense favorisent les intérêts individuels des collaborateurs aux dépens des objectifs plus larges du groupe – ainsi lorsque plusieurs employés qui servent le même ensemble de clients ne sont pas incités à coopérer. C'est la situation à laquelle s'est trouvée confrontée Hannah Jaffey, dont nous avons lu l'histoire en début de chapitre.

Les relations de reporting conduisent au cloisonnement ou à la dilution des responsabilités

Les relations de *reporting* vous aident à suivre et à contrôler le travail de votre groupe, clarifient les responsabilités de chacun et encouragent la responsabilisation individuelle. Les relations de *reporting* hiérarchiques rendent indéniablement ces tâches plus faciles mais peuvent en contrepartie favoriser le cloisonnement, synonyme de manque de partage de l'information. Les formules de *reporting* plus complexes, ainsi des structures matricielles, étendent le partage d'informations et limitent le cloisonnement, mais peuvent en revanche diluer dangereusement les responsabilités.

Aligner les systèmes clés

Les systèmes (on parle aussi souvent de « processus ») permettent à votre groupe de transformer des informations, des documents et du savoir en valeur sous la forme de produits ou de services commercialement viables, de nouvelles connaissances ou idées, de relations productives ou de tout autre élément que l'organisation dans son ensemble considère comme essentiel. Comme vous l'avez fait pour la structure, demandez-vous si les processus en place soutiennent la stratégie. Permettront-ils à votre groupe d'atteindre – ou même de dépasser – les objectifs inscrits dans la stratégie ?

Souvenez-vous que l'étendue et le type de processus dont vous avez besoin seront différents selon que votre principal objectif est de piloter une exécution parfaite ou de stimuler l'innovation[4]. Sans processus rigoureux définissant dans les moindres détails les objectifs à atteindre et les techniques, méthodes et outils à employer, vous ne pouvez espérer atteindre des niveaux élevés de qualité et de fiabilité (et des coûts bas). Un des inconvénients de ce type de processus, toutefois, est qu'ils entravent l'innovation. Donc, si votre objectif est de stimuler l'innovation au sein de votre organisation, il vous faudra développer des processus qui s'attachent davantage à définir la fin et à contrôler les progrès à des jalons clés qu'à contrôler les moyens.

Conduisez une analyse des processus

Une société de cartes de crédit souhaitant identifier ses processus est parvenue aux résultats présentés dans le Tableau 6.1. Les dirigeants ont ensuite cartographié et amélioré chaque processus, développant des mécanismes de mesures et modifiant les systèmes de motivation pour mieux aligner les comportements. Ils se sont également attachés à identifier les principaux goulots d'étranglement. Pour les tâches importantes qui n'étaient pas suffisamment maîtrisées, ils ont revu les procédures et mis en place de nouveaux outils support. Il en est résulté une augmentation spectaculaire de la satisfaction des clients et de la productivité de l'organisation.

Tableau 6.1 : Exemple d'analyse des processus

Processus de livraison du produit / service	**Processus des services support**	**Processus business**
Traitement des inscriptions	Recueils	Gestion de la qualité
Sélection	Enquête clients	Gestion financière
Production cartes de crédit	Gestion des relations	Gestion des ressources humaines
Gestion des autorisations	Gestion de l'information et des technologies	
Traitement de la transaction		
Facturation		
Traitement du paiement		

Votre groupe ou votre unité a peut-être autant de processus que la société de cartes de crédit. Votre premier défi est d'identifier ces processus pour ensuite décider lesquels sont les plus importants pour votre stratégie – ceux que nous appelons les « processus centraux ». Imaginons par exemple que la stratégie de votre unité mette davantage l'accent sur la satisfaction du client que sur le développement produit. Votre objectif sera alors que tous les processus impliqués dans la livraison des produits ou services aux clients soient au service de ce but.

Alignez les systèmes et la structure

Pour soutenir la stratégie de votre groupe, ses processus centraux doivent également être en cohérence avec la structure de l'unité (façon dont les collaborateurs et le travail sont organisés). Nous pouvons comparer cette relation au corps humain. Notre anatomie – squelette, musculature, peau et autres éléments – est le fondement structurel des fonctions normales du corps. Notre physiologie – circulation, respiration, digestion et ainsi de suite – est l'ensemble des systèmes qui permettent aux différentes parties du corps de fonctionner ensemble. Dans les entreprises comme dans le corps humain, la structure et les processus doivent être sains et se renforcer l'un l'autre.

Pour évaluer l'efficacité et les performances de chaque processus central, vous devez en étudier quatre aspects :

- La productivité : le processus transforme-t-il efficacement le savoir, les équipements et la main-d'œuvre en valeur ?
- La ponctualité : le processus délivre-t-il la valeur souhaitée en temps voulu ?
- La fiabilité : le processus est-il suffisamment fiable, ou tombe-t-il fréquemment en panne ?
- La qualité : le processus délivre-t-il de la valeur d'une manière conforme aux normes de qualité requises ?

Lorsque les systèmes et la structure sont en phase, chaque élément renforce les autres et la stratégie. Par exemple, un service clients structuré autour de segments de clientèle spécifiques fait circuler les informations entre les équipes et répond efficacement aux enjeux qui concernent tous les groupes de clients.

Lorsque les systèmes et la structure sont en conflit – par exemple lorsque plusieurs équipes sont en concurrence pour le même groupe de clients, utilisant des processus commerciaux différents –, ils se paralysent mutuellement et ébranlent la stratégie du groupe.

Améliorez les processus centraux

Comment améliore-t-on un processus central ? Commencez par dessiner une carte de processus – un diagramme simple indiquant précisément comment, au sein d'un processus donné, les tâches circulent entre les individus et les groupes qui les traitent. La Figure 6.2 représente la carte de processus simplifiée de l'exécution des commandes.

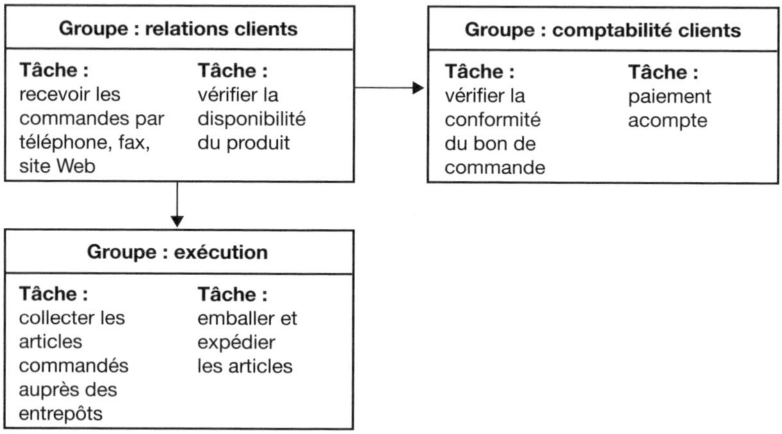

Figure 6.2 : Une carte de processus

Demandez aux collaborateurs responsables de chaque étape du processus de cartographier celui-ci du début à la fin. Ensuite, demandez à l'équipe de repérer les éventuels goulots d'étranglement et problèmes d'interfaces entre les collaborateurs chargés des tâches adjacentes. Par exemple, des erreurs ou des retards peuvent se produire lorsqu'un collaborateur du service clients transmet à l'équipe d'exécution une demande spéciale de traitement de la commande. Les défaillances de processus sont monnaie courante dans ce type de « relais ». Travaillez avec l'équipe afin d'identifier les possibilités d'amélioration.

L'analyse des processus stimule l'apprentissage collectif. Elle aide le groupe à comprendre exactement qui fait quoi, à l'intérieur des unités ou des groupes aussi bien qu'entre eux, pour conduire un processus donné. La carte de processus permet également de repérer les sources potentielles de problèmes. Vous, votre supérieur et votre groupe pourrez alors décider comment améliorer le processus. Deux options s'offrent à vous : *reengineering* radical du processus ou amélioration incrémentielle continue.

Une mise en garde, toutefois. Il est probable que vous êtes responsable d'un certain nombre de processus. Si tel est le cas, gérez-les comme un portefeuille. N'essayez pas d'introduire des changements radicaux dans plus d'un ou deux processus centraux à la fois ou le corps de l'organisation risque de les rejeter. Comme nous l'avons vu plus haut, résistez à la tentation d'automatiser les processus défaillants : la technologie suffit rarement à résoudre les vrais problèmes. Ceux-ci relèvent le plus souvent d'une mauvaise communication, d'attentes confuses et d'une incompréhension du mode de fonctionnement réel de l'organisation. Attelez-vous donc aux vrais problèmes !

Développer la base de compétences de votre groupe

Vos subordonnés directs possèdent-ils les compétences et le savoir nécessaires pour exécuter brillamment les processus centraux de votre groupe, et donc pour soutenir la stratégie que vous avez définie ? Si tel n'est pas le cas, c'est toute la fragile architecture de votre équipe qui risque de s'effondrer. Une base de compétences comprend quatre types de savoirs :

- le savoir individuel : acquis à travers la formation, les études et l'expérience ;
- le savoir relationnel : comment travailler ensemble pour intégrer les savoirs individuels en vue d'atteindre des objectifs donnés ;
- le savoir incorporé : les technologies centrales dont votre groupe et ses performances dépendent, telles que bases de données clients ou technologies de recherche-développement par exemple ;
- le métasavoir : maîtrise de sources permettant d'obtenir des informations critiques ; par exemple, relations extérieures avec des organismes de recherche et des partenaires technologiques.

Identifiez les écarts et les ressources

L'évaluation des capacités de votre groupe doit vous permettre d'identifier les écarts critiques entre les compétences et les connaissances actuelles et celles requises, ainsi que les ressources sous-utilisées, expertises non exploitées par exemple. Ce sont en effet des réservoirs de gains considérables de performances et de productivité.

Pour déterminer les écarts de compétences et de connaissances, demandez-vous quel cocktail des quatre types de savoirs est nécessaire pour soutenir les processus centraux de votre unité. Quel serait le dosage idéal ? Évaluez ensuite les compétences, savoirs et technologies de votre groupe. Où se situent les écarts ? Lesquels peuvent être rapidement comblés ? Lesquels exigeront davantage de temps ?

Pour identifier les ressources sous-exploitées, repérez les individus ou les groupes qui ont enregistré des performances nettement supérieures à la moyenne. Comment s'expliquent ces résultats ? Les collaborateurs en question disposent-ils de ressources (technologies, méthodes, équipements et soutien d'acteurs clés) qui pourraient être exportées auprès du reste de votre unité ? Des idées de produits prometteuses sont-elles restées à dormir dans des tiroirs à cause d'un manque d'intérêt ou d'investissements ? Les ressources de production existantes peuvent-elles être adaptées pour servir de nouveaux groupes de clients ?

Comprendre la culture de votre groupe

La culture baigne les quatre autres éléments de l'architecture de l'organisation tout autant qu'elle influence la conception qu'en a l'organisation. Stratégie, structure, systèmes et compétences, chacun de ces éléments porte la marque de la culture de l'organisation. Même les problèmes les plus techniques comportent une dimension culturelle.

La culture de votre organisation est constituée des normes et des valeurs qui façonnent les comportements, les attitudes et les attentes de ses membres. La culture d'une organisation indique à ses membres ce qu'ils doivent faire et ne pas faire. Bien souvent, comme nous l'avons évoqué plus haut, ces normes sont si profondément enracinées que les individus ne sont même pas conscients qu'elles existent.

Les habitudes et les normes culturelles ont une fâcheuse tendance à renforcer le *statu quo* – y compris (et surtout) lorsque des changements sont nécessaires. Il est donc vital que vous diagnostiquiez les difficultés que risque de poser la culture de votre organisation et que vous vous employiez sans tarder à les résoudre. Ce travail est indispensable si vous voulez que la culture soit pleinement au service de la stratégie du groupe et en cohérence avec les autres éléments de l'architecture organisationnelle.

Pour comprendre la culture de votre groupe, vous devez regarder sous ces indices de surface que sont le logo, le style vestimentaire, les façons de communiquer ou d'interagir, mais aussi, au-delà, les normes sociales ou les règles communes qui guident les comportements. Efforcez-vous de mettre au jour les vérités tacites qui cimentent l'organisation, en particulier sur les deux dimensions suivantes :

- Le pouvoir : à qui les collaborateurs reconnaissent-ils la légitimité d'exercer leur autorité et de prendre des décisions ?
- La valeur : quelles actions et quels résultats les collaborateurs considèrent-ils comme créateurs de valeur ? Par valeur, on entendra, par exemple, la réalisation de bénéfices, la satisfaction des clients, la promotion de l'innovation, la création d'environnements de travail où chacun peut s'épanouir, et ainsi de suite.

Comment mettre au jour ces présupposés ? Pour comprendre les règles non dites relatives au pouvoir, étudiez les processus de prise de décision. Par exemple, qui s'en remet à qui ? Pour ce qui est de la valeur, observez comment les collaborateurs passent leur temps et ce qui les mobilise le plus. Par exemple, les membres de l'équipe semblent-ils avant tout soucieux de forger des relations positives, coopératives, entre eux ? Le service clients est-il leur priorité ? Consacrent-ils l'essentiel de leur temps à essayer de générer des idées prometteuses pour de nouveaux produits ? La précision dans l'exécution est-elle valorisée ?

Impulsez le changement culturel

Au cours des 90 premiers jours de votre mandat, vous ne pouvez espérer faire beaucoup plus que diagnostiquer la culture et commencer à essayer de faire évoluer un nombre limité de comportements.

La liste ci-dessous propose cinq axes pour amorcer le changement culturel. Quelle que soit la méthode que vous utilisez, ciblez des changements culturels qui soient cohérents avec la stratégie, la structure, les systèmes et les compétences de votre groupe.

Changer les indicateurs de performance et les systèmes de récompense
Mettez en place de nouveaux indicateurs de réussite. Ensuite, alignez les objectifs des collaborateurs sur ces nouveau indicateurs. Par exemple, faites évoluer la part des résultats individuels et celle des résultats collectifs dans l'évaluation des collaborateurs. Le succès passe-t-il par une collaboration et une coordination étroites des membres du groupe – ce qui est par exemple le cas dans une équipe de développement de nouveaux produits ? Si oui, accordez davantage d'importance aux primes collectives. Les membres de votre groupe travaillent-ils en solo, comme dans une force de vente par exemple ? Dans ce cas, et si leur contribution individuelle peut être mesurée, accordez davantage d'importance aux primes individuelles.

Mettre sur pied des projets pilotes
Donnez aux collaborateurs la possibilité d'expérimenter de nouveaux outils et de nouveaux comportements. Par exemple, constituez une équipe spéciale pour expérimenter une approche innovante de la production ou de la résolution de problèmes de distribution.

Apporter du sang neuf
Intégrez des personnes de l'extérieur pour stimuler la créativité de votre équipe, par exemple un spécialiste d'un domaine clé comme le développement produit ou la gestion de la R&D. Vous pouvez aussi vous attacher les services d'un consultant en organisation, excellent connaisseur du monde de l'entreprise, qui concentrera son action sur la conduite du processus de dialogue au sein du groupe et accompagnera vos efforts pour mettre en œuvre le changement.

Favoriser l'apprentissage collectif
Soumettez les membres du groupe à de nouvelles façons d'envisager l'entreprise et de la faire fonctionner – perspectives nouvelles sur les clients et sur les concurrents par exemple. Engager un *benchmark* de votre organisation par rapport aux meilleurs du secteur est une autre piste à explorer.

Faire appel à l'imagination collective
Trouvez des moyens de réunir les collaborateurs pour les faire réfléchir et rêver ensemble à de nouvelles façons de faire les choses. Organisez par exemple un séminaire à la campagne pour trouver des pistes d'amélioration des processus existants.

Mettre en œuvre votre plan

Appuyez-vous sur toutes ces analyses pour développer un plan de rénovation de l'architecture de l'organisation. Si vos initiatives échouent à faire évoluer les comportements des collaborateurs, prenez du recul et voyez si ce ne sont pas des incohérences organisationnelles qui créent des problèmes.

POUR ACCÉLERER LA TRANSITION

1. Quelles sont vos premières observations concernant d'éventuelles incohérences entre la stratégie, la structure, les systèmes, les compétences et la culture de votre organisation ? Comment allez-vous procéder pour en apprendre davantage et valider ou invalider vos premières impressions ?
2. Quelles décisions devez-vous prendre concernant les clients, le capital, les capacités et les engagements ? Comment et quand prendrez-vous ces décisions ?
3. Quelle est votre évaluation actuelle de la cohérence de la stratégie ? De sa pertinence ? Envisagez-vous de changer la stratégie de votre organisation ?
4. Quelles sont les forces et les faiblesses de la structure de l'organisation ? Envisagez-vous de faire évoluer la structure ?
5. Quels sont les processus centraux de votre organisation ? Comment fonctionnent-ils ? Que souhaitez-vous améliorer en priorité ?
6. Quels décalages de compétences et quelles ressources sous-exploitées avez-vous identifiés ? Quelles actions allez-vous entreprendre en premier lieu pour renforcer votre base de compétences ?
7. Quels sont les éléments positifs et négatifs de la culture ? Que pouvez-vous commencer à faire pour changer la culture ?

Chapitre 7

CONSTITUEZ VOTRE ÉQUIPE

Lorsque Liam Geffen a été nommé à la direction d'une division mal en point d'une société d'instrumentation, il savait que l'aventure ne serait pas de tout repos. L'ampleur du défi lui apparut encore plus clairement lorsqu'il prit connaissance des entretiens d'évaluation des membres de sa nouvelle équipe pour l'année précédente. Leurs performances se conjuguaient toutes au superlatif : excellentes ou exécrables, rien entre les deux. De toute évidence, son prédécesseur n'avait pas hésité à pratiquer le favoritisme...

Les conversations que Liam eut par la suite avec ses nouveaux subordonnés directs confirmèrent ses soupçons : les évaluations étaient faussées. Le responsable du marketing, en particulier, certes compétent, était bien loin du superchampion pour lequel voulait le faire passer son évaluation... et que lui-même pensait être. Pour sa part, la responsable commerciale apparut à Liam comme une collaboratrice de talent, aux performances solides ; son prédécesseur, toutefois, avait lourdement sanctionné ses erreurs. Les relations entre le marketing et les ventes, on ne s'en étonnera pas, étaient plutôt tendues.

Liam parvint rapidement à la conclusion que l'un ou l'autre, sinon les deux, devrait quitter l'entreprise. Il les rencontra séparément et leur dit sans ménagement ce qu'il pensait de leurs évaluations. Puis il présenta à chacun un plan d'action détaillé sur deux mois. Dans le même temps, Liam et son vice-président chargé des ressources humaines lancèrent un recrutement pour le poste de directeur du marketing. Liam organisa également des réunions avec des cadres moyens du service commercial, tant pour juger de leurs compétences que pour essayer de repérer des candidats prometteurs au poste de directeur du service.

À la fin de son troisième mois, Liam avait fait comprendre au directeur du marketing que ses résultats n'étaient pas suffisants ; le collaborateur quitta rapidement l'entreprise. La directrice commerciale, pour sa part, se montra à la hauteur des attentes de Liam. Il lui confia de nouvelles missions, toujours avec le même succès. Tant et si bien que, convaincu de ses compétences et de son potentiel, Liam lui confia la direction des ventes et du marketing.

Liam Geffen savait qu'il ne pouvait se permettre d'avoir une équipe bancale. Si, comme lui, vous héritez d'un groupe de subordonnés directs, il est essentiel que vous constituiez votre équipe de façon à rassembler les talents dont vous avez besoin pour atteindre vos objectifs. Les décisions les plus importantes que vous serez amené à prendre au cours des 90 premiers jours concerneront vraisemblablement les membres de votre équipe. Si vous réussissez à constituer une équipe de qualité, vos opportunités de création de valeur seront démultipliées. Dans le cas contraire, vous serez confronté à de graves difficultés car aucun manager ne peut espérer accomplir grand-chose seul. De mauvais choix de collaborateurs vous poursuivront tout au long de votre mandat. Comme l'exprime un manager expérimenté : « Recrutement hâtif, regrets éternels. »

Trouver les bonnes personnes est nécessaire mais non suffisant. Commencez par évaluer les membres de l'équipe pour décider qui restera et qui devra partir. Ensuite, élaborez un plan pour recruter de nouveaux collaborateurs et affecter ceux que vous conservez aux bons postes – avec le moins d'incidences possibles sur les résultats à court terme. Il vous faudra en outre mettre en place des objectifs, des systèmes de motivation et des indicateurs de performances qui propulseront votre équipe dans la bonne direction. Enfin, vous devrez établir de nouveaux processus pour encourager le travail en équipe. Ce sont ces trois étapes que nous allons à présent examiner.

Éviter les pièges les plus courants

La constitution d'une bonne équipe est un défi qui fait trébucher de nombreux nouveaux managers. Voici les pièges que vous devez éviter :

Conserver trop longtemps l'équipe existante

Si certains managers font le ménage trop vite, c'est généralement l'inverse qui se produit : on conserve les collaborateurs en place plus longtemps qu'il ne le faudrait. Que ce soit par orgueil (« ces collaborateurs n'avaient pas de bons résultats parce qu'ils étaient mal dirigés ») ou parce qu'ils répugnent à prendre des décisions difficiles, les nouveaux managers se retrouvent avec des équipes médiocres. Ce qui signifie qu'ils devront eux-mêmes mettre les bouchées doubles ou qu'ils n'atteindront pas leurs objectifs. Comme l'exprime un dirigeant expérimenté : « On a toujours l'impression qu'on peut tout arranger. Mais c'est faux. Et on ne peut pas se permettre de laisser s'envenimer des problèmes de personnel. Lorsque certains membres de l'équipe ont de mauvais résultats, leurs collègues le savent et vos collègues à vous aussi le savent. » Un bon principe consiste à vous fixer la fin des 90 jours comme échéance pour décider de la composition de votre équipe. Au bout de six mois, vous devrez avoir communiqué vos projets de mutation et de recrutement aux parties prenantes clés, à commencer par votre supérieur et le service des ressources humaines. Si vous attendez davantage, l'équipe devient « votre » équipe et tout changement n'en sera que plus difficile à justifier et à réaliser. Naturellement, votre calendrier sera fonction de la situation ST_ARS à laquelle vous êtes confronté. Un redressement exige généralement que vous agissiez vite alors qu'une pérennisation vous laisse du temps. L'important est de vous fixer des dates butoirs pour faire le bilan de votre équipe et prendre les mesures qui s'imposent dans votre plan des 90 premiers jours, puis de vous y tenir.

Ne pas réparer l'avion

À moins de vivre une situation de start-up, vous n'aurez pas à bâtir une équipe de zéro : vous hériterez d'une équipe qu'il vous appartiendra de remodeler en fonction de vos priorités de résultats.

Façonner une équipe, c'est un peu comme réparer un avion en plein vol. Vous n'atteindrez pas votre destination si vous n'effectuez pas les réparations nécessaires… mais vous devez aussi faire attention à ne pas faire exploser l'avion en vol en essayant de le réparer. Cette situation est souvent assortie d'un dilemme : il est essentiel de remplacer des collaborateurs, mais certains sont indispensables pour la bonne marche de l'entreprise à court terme. Que faire ? Développer des options le plus vite possible, par exemple recruter des collaborateurs à des postes temporaires pour les former ou explorer d'autres niveaux de l'organisation pour trouver des candidats.

Ne pas s'atteler en parallèle à l'alignement de l'organisation et à la restructuration de l'équipe

Le capitaine d'un navire ne peut pas faire les bons choix concernant son équipage s'il ne connaît pas sa destination, son itinéraire et le bateau. De la même manière, vous ne pouvez constituer votre équipe avant d'avoir une idée précise des changements à apporter au niveau de la stratégie, de la structure, des systèmes et des compétences. Sinon, vous risqueriez de vous retrouver avec les bonnes personnes… aux mauvais postes. Comme le montre la Figure 7.1, vous devez mener en parallèle l'évaluation de l'organisation et son alignement et l'évaluation de l'équipe et des changements de collaborateurs nécessaires.

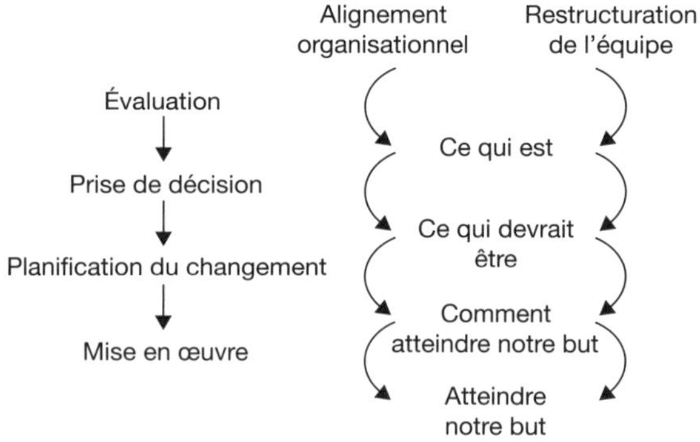

Figure 7.1 : Synchroniser l'alignement de l'architecture et la restructuration de l'équipe

Ne pas garder les bonnes personnes

Une cadre expérimentée nous a fait partager son expérience des risques qu'il y a à perdre de bons collaborateurs. « Lorsque vous secouez l'arbre, résume-t-elle, les bons aussi peuvent tomber. » Ce qu'elle veut dire par là, c'est que les incertitudes quant à l'avenir de l'équipe peuvent conduire vos meilleurs éléments à aller voir ailleurs. Bien que votre marge de manœuvre soit étroite, veillez donc à faire comprendre aux collaborateurs de talent que leurs compétences sont reconnues.

Entreprendre le team-building avant que le noyau dur de l'équipe ne soit en place

Il est tentant de lancer sans attendre les activités de *team-building* - séances de résolution de problèmes, de brainstorming par exemple. Les nouveaux managers au style « collaboratif » sont souvent impatients d'exploiter les connaissances de leurs subordonnés directs. Mais cette approche n'est pas sans danger : elle resserre les liens au sein du groupe, que certains membres seront peut-être amenés à quitter. Évitez donc les activités de *team-building* tant que votre équipe n'est pas définitivement constituée. Ce qui ne signifie pas, naturellement, que vous deviez bannir toute réunion !

Prendre trop tôt des décisions dont la mise en œuvre exige une forte implication de l'équipe

Lorsque le succès de la mise en œuvre requiert l'adhésion de votre équipe, sachez reporter certaines décisions jusqu'à ce que les membres clés de votre équipe soient en place. Certaines décisions ne pourront attendre. Mais ayez conscience que la mise en œuvre est toujours plus difficile lorsque les collaborateurs n'ont pas été impliqués dans le processus. Arbitrez donc soigneusement entre les bénéfices que vous retirerez d'une action rapide sur des enjeux importants et les inconvénients associés au fait d'imposer une décision aux collaborateurs qui vous rejoindront par la suite.

Essayer de tout faire tout seul

Enfin, n'oubliez pas que la restructuration d'une équipe est semée de complications émotionnelles, juridiques et internes. N'essayez à aucun prix de vous y atteler tout seul. Trouvez des personnes capables de vous conseiller et de vous aider à définir votre stratégie. Le soutien d'un bon collaborateur des ressources humaines est indispensable.

Évaluer l'équipe existante

Il est probable que vous hériterez de collaborateurs très compétents, de collaborateurs moyennement compétents et de collaborateurs médiocres. Vous hériterez également d'un groupe, avec sa dynamique interne, ses jeux de pouvoir et d'influence, dont certains membres ont peut-être même espéré un temps obtenir votre poste. Au cours des deux premiers mois de votre prise de fonctions, il va vous falloir découvrir qui est qui, quel rôle joue chaque individu et comment le groupe a fonctionné par le passé.

Définissez vos critères

Lorsque vous ferez la connaissance des membres de votre équipe, vous commencerez fatalement à vous faire une opinion sur eux. Ne luttez pas contre ces premières impressions, mais prenez du recul et livrez-vous à une évaluation plus rigoureuse.

En tout premier lieu, vous devez être conscient des critères que vous utiliserez implicitement ou explicitement pour évaluer vos subordonnés directs. Nous vous en proposons six :

- La compétence : la personne dispose-t-elle des compétences techniques et de l'expérience pour accomplir efficacement son travail ?
- La capacité de jugement : la personne fait-elle preuve d'une bonne capacité de jugement, en particulier lorsqu'elle est soumise à une pression importante ou lorsqu'elle doit consentir des sacrifices pour le bien général ?
- L'énergie : ce membre de l'équipe fait-il son travail avec une énergie positive ? Est-il surmené ? Démotivé ?
- La focalisation : la personne est-elle capable de se fixer des priorités et de s'y tenir ou est-elle plutôt encline à « partir dans toutes les directions » ?

- Les relations : la personne s'entend-elle avec les autres membres de l'équipe et soutient-elle le processus de décision collectif ou est-il difficile de travailler avec elle ?
- La confiance : pouvez-vous faire confiance à cette personne pour respecter sa parole et tenir ses engagements ?

Afin d'obtenir une vision d'ensemble de votre mode d'évaluation, remplissez le Tableau 7.1. Accordez-vous 100 points à répartir entre les six critères en fonction de l'importance relative que vous leur accordez lorsque vous évaluez vos subordonnés directs. Notez ces chiffres dans la colonne centrale, dont le total doit être égal à 100. Ensuite, choisissez un de ces critères comme point de référence, c'est-à-dire que si un collaborateur n'atteint pas un niveau seuil sur cette dimension, les autres compétences sont sans importance. Marquez votre critère de référence par une étoile dans la colonne de droite.

Tableau 7.1 : Vos critères d'évaluation

Critère	**Poids relatif (100 points à répartir entre les six critères)**	**Critère de référence**
Compétence		
Capacité de jugement		
Énergie		
Focalisation		
Relations		
Confiance		

À présent, prenez du recul. Le tableau vous donne-t-il une vision exacte des valeurs que vous utilisez pour évaluer vos subordonnés directs ? Si oui, votre démarche est-elle suffisamment exhaustive pour vous donner une image pertinente de votre équipe ?

Votre grille d'évaluation reflétera vraisemblablement vos convictions quant à ce que vous pensez pouvoir changer chez les personnes qui travaillent avec vous. Si, par exemple, le poids relatif des relations est faible par rapport à celui de la capacité de jugement, cela peut signifier que vous considérez avoir davantage de prise sur les relations au sein de l'équipe que sur la capacité de jugement de ses membres. De la même manière, vous avez peut-être choisi – comme beaucoup de leaders – la confiance comme critère de référence parce que vous estimez que vous devez pouvoir faire confiance à ceux qui travaillent avec vous et parce que vous pensez que c'est un trait de caractère que l'on ne peut changer.

Prenez en compte la situation

Devez-vous moduler vos critères d'évaluation en fonction du contexte ? Oui, absolument ! Imaginons par exemple que vous preniez un poste de vice-président chargé des ventes et que vous gériez un groupe éclaté de managers régionaux. En quoi vos critères d'évaluation seraient-ils différents de ceux que vous utiliseriez si l'on vous avait confié la direction d'un projet de développement d'un nouveau produit ?

Ces postes présentent des différences radicales sur deux dimensions : l'autonomie de vos collaborateurs et leur dispersion géographique. Si les tâches de vos subordonnés directs impliquent une certaine indépendance, leur capacité à travailler en équipe aura moins d'importance que si vous managez un groupe de développement produit. D'un autre côté, du fait de leur dispersion géographique, il vous sera peut-être moins facile d'aider vos subordonnés à se développer. Dans ce cas-là, vos critères de référence seront les compétences et la capacité de jugement.

Les critères que vous utiliserez pourront également varier selon le type de situation dont vous héritez : start-up, redressement, redéfinition ou pérennisation. Dans une situation de pérennisation par exemple, vous aurez du temps pour développer un ou deux membres à haut potentiel de votre équipe. Dans un redressement, en revanche, vous avez besoin de personnes capables d'être efficaces tout de suite. De la même manière, dans une start-up, vous serez peut-être disposé à « troquer » un peu de confiance contre un niveau élevé d'énergie et de focalisation, alors que ce ne serait pas le cas dans une pérennisation.

Vous avez tout à gagner à consacrer un peu de temps à réfléchir aux critères que vous utiliserez pour évaluer votre nouvelle équipe.

Vous n'en serez que mieux préparé à conduire une évaluation rigoureuse et systématique.

Évaluez vos subordonnés

La première chose à faire est de déterminer si certains de vos subordonnés directs ne satisfont pas à votre critère de référence. Lorsque c'est le cas, prévoyez de les remplacer. Ensuite, évaluez les forces et les faiblesses des membres de votre équipe, en fonction de la valeur relative que vous accordez à chaque critère. Qui est à la hauteur et qui ne l'est pas ?

Rencontrez le plus rapidement possible chaque membre de votre équipe en tête-à-tête. Selon votre style, ces premières rencontres pourront prendre la forme de discussions informelles, de revues en bonne et due forme, ou d'un mélange des deux, mais votre propre préparation et votre démarche doivent être les mêmes.

1. Préparez chaque réunion

Prenez connaissance du dossier de votre collaborateur : parcours professionnel, résultats et autres évaluations. Familiarisez-vous avec les compétences techniques ou professionnelles de chaque membre de votre équipe pour pouvoir évaluer son rôle au sein du groupe.

2. Définissez un questionnaire

Comme nous l'avons vu dans le Chapitre 2 sur l'apprentissage, posez la même série de questions à chaque personne, par exemple :

- Que pensez-vous de notre stratégie actuelle ?
- Quels sont les principaux défis et opportunités auxquels nous sommes confrontés à court terme ? À long terme ?
- Quelles ressources pourrions-nous exploiter plus efficacement ?
- Comment pourrions-nous améliorer la façon dont les membres de l'équipe travaillent ensemble ?
- Si vous étiez à ma place, à quoi seriez-vous le plus attentif ?

3. Soyez à l'affût d'indices verbaux et non verbaux

Soyez attentif au choix des mots, aux attitudes et aux points sensibles de votre interlocuteur.

- Qu'est-ce que la personne ne dit pas ? Vous donne-t-elle spontanément des informations ou devez-vous les lui arracher ? Assume-t-elle la responsabilité d'éventuels problèmes dans son domaine ? Présente-t-elle des excuses ? Accuse-t-elle les autres ?
- Les expressions du visage et le langage du corps de votre interlocuteur sont-ils cohérents avec son discours ?
- Quels sujets provoquent une réaction émotionnelle forte ? Ces points sensibles sont autant d'indices sur ce qui motive la personne et sur les types de changements qui la dynamiseraient.
- En dehors de ces rencontres en tête-à-tête, soyez attentif aux rapports des membres de l'équipe les uns avec les autres. Les relations semblent-elles cordiales et productives ? Tendues et compétitives ? Réservées ou critiques ?

Testez leur capacité de jugement

Veillez à évaluer leur capacité de jugement et non leurs compétences techniques ou leur intelligence pure. Certains individus très brillants ont de piètres capacités de jugement et inversement. Il est essentiel que vous définissiez précisément la combinaison intelligence-jugement que doivent posséder les membres clés de votre équipe.

Une façon d'évaluer la capacité de jugement d'un individu est de travailler avec lui pendant une période relativement longue et d'observer s'il est capable de faire des prévisions pertinentes et de développer de bonnes stratégies pour éviter les problèmes. Ces deux capacités reposent sur les schémas mentaux de l'individu, c'est-à-dire la façon dont il identifie les caractéristiques et les dynamiques essentielles d'une situation, pour traduire ces réflexions en action. C'est très exactement ce en quoi consiste un jugement éclairé. Le problème, toutefois, c'est que le temps vous est compté alors que ce type d'observation s'inscrit généralement dans le long terme. Fort heureusement, il est possible d'accélérer le processus.

Une façon de procéder consiste à tester la sûreté de jugement d'un individu dans un domaine où ses prédictions pourront être rapidement validées ou invalidées. Essayez donc la méthode suivante. Demandez à votre subordonné de vous parler d'un sujet qui l'intéresse tout particulièrement en dehors de son travail. Politique, gastronomie, football, peu importe. Mettez-le sur la sellette : « Quel candidat va réaliser la meilleure prestation lors du prochain débat télévisé ? » « Quel est le secret du soufflé au fromage ? » « Quelle équipe va remporter le match de ce soir ? » Insistez pour qu'il prenne position – s'il s'y refuse, ce n'est pas bon signe. Amenez-le à argumenter. Son raisonnement se tient-il ? Lorsque cela est possible, vérifiez ses prévisions.

Ce que vous testez, c'est la capacité d'un individu à exercer un jugement éclairé dans un domaine donné. Si votre interlocuteur a su devenir un fin connaisseur de la gastronomie japonaise ou de la pêche à la mouche, il serait étonnant qu'il ne démontre pas les mêmes qualités de jugement dans son travail – sous réserve que le sujet l'intéresse suffisamment ! Ne vous contentez donc pas d'attendre de voir comment se comporte votre subordonné : débusquez son expertise.

Évaluez les collaborateurs fonctionnels clés

Si vous dirigez une équipe dont les membres possèdent différentes expertises fonctionnelles – marketing, finance, opérations, R&D, par exemple – vous aurez besoin de vous familiariser avec leurs compétences dans leurs domaines respectifs. Une tâche souvent harassante, surtout si vous occupez des fonctions de management général pour la première fois. Si vous avez été promu au sein de votre entreprise, sollicitez l'opinion de personnes que vous respectez et auxquelles vous faites confiance pour vous aider dans votre apprentissage.

Si vous venez d'être promu à votre premier poste de dirigeant, nous vous recommandons de créer votre propre grille d'évaluation pour chaque fonction clé. Une bonne grille comportera en particulier des orientations générales et des signaux d'alarme. Pour concevoir chaque grille, discutez avec des managers expérimentés de ce qu'ils attendent des fonctions en question.

Évaluez l'équipe globalement

Comment votre groupe fonctionne-t-il ? Utilisez les techniques suivantes pour repérer d'éventuels problèmes dans la dynamique d'ensemble de l'équipe :

- Étudiez les données. Lisez les rapports et les comptes rendus des réunions de l'équipe. Si votre organisation conduit des sondages sur le climat de travail ou la satisfaction des collaborateurs, prenez-en également connaissance.
- Posez systématiquement des questions. Analysez les réponses individuelles aux questions que vous avez posées aux membres de l'équipe lorsque vous les avez rencontrés en tête-à-tête. Leurs réponses sont-elles globalement cohérentes ? Si oui, cela peut être révélateur d'une « ligne du parti », mais cela peut aussi signifier que chacun envisage réellement les choses de la même manière. Ce sera à vous de faire la part des choses. À l'inverse, si les réponses sont très disparates, l'équipe n'est sans doute pas assez soudée.
- Mettez au jour les dynamiques du groupe. Lors de vos premières réunions, observez comment interagit l'équipe. Détectez-vous des alliances ? Des attitudes particulières ? Des leaders ? Qui s'en remet à qui sur tel ou tel sujet ? Lorsqu'une personne prend la parole, est-ce que certains lèvent les yeux au ciel ou expriment toute autre forme de désaccord ou de frustration ? Soyez attentif à ces signes pour tester vos premières impressions et détecter les coalitions et les conflits.

Restructurer votre équipe

Grâce aux évaluations que vous avez menées, vous savez à présent quelle conduite vous souhaitez tenir avec chaque membre de votre équipe. Sur la base de vos observations et de vos réflexions, placez chaque membre du groupe dans l'une des catégories suivantes :

- Ne rien changer. La personne donne de bons résultats dans son poste actuel.
- Conserver et développer. La personne a besoin de formation, si le calendrier vous en laisse la possibilité.

- Muter à un autre poste. La personne est très compétente mais son poste ne lui permet pas de donner le meilleur d'elle-même ou de tirer le meilleur parti de ses compétences.
- Observer pendant quelque temps. La personne doit être surveillée et a besoin d'un plan de développement personnel.
- Remplacer (priorité faible). La personne doit être remplacée mais la situation n'est pas urgente.
- Remplacer (priorité haute). La personne doit être remplacée le plus rapidement possible.

Envisagez d'autres options que la rupture pure et simple

Vous serez peut-être tenté de laisser partir tout de suite les personnes que vous avez décidé de remplacer. Mais prenez tout de même le temps d'envisager d'autres possibilités. Se séparer d'un collaborateur est parfois difficile et cela risque d'accaparer beaucoup de votre temps. Même si les mauvais résultats de la personne sont patents et solidement étayés, le processus peut prendre des mois, voire davantage. Et si votre décision n'est soutenue par rien de tangible, réunir les « preuves » nécessaires exigera du temps.

Par chance, ce n'est pas la seule option qui s'offre à vous. Dans bien des cas, il suffira d'un message sans ambiguïté de votre part pour qu'un collaborateur aux résultats médiocres décide de lui-même de s'en aller. Vous avez également la possibilité de travailler avec les ressources humaines pour lui proposer un poste plus adapté :

- Un autre poste dans la même équipe. Affectez la personne à un poste au sein de l'équipe qui sera plus adapté à ses compétences. Ce ne sera sans doute qu'une solution temporaire pour un collaborateur à problème mais cela vous permettra de continuer à faire fonctionner l'équipe pendant que vous lui cherchez un remplaçant.
- Dans un autre service. Travaillez avec les ressources humaines pour aider la personne à trouver un poste qui lui convienne ailleurs dans l'organisation. Dans certains cas, cette option sera positive pour tout le monde : vous, le collaborateur et l'organisation au sens large. Mais ne vous y aventurez que si vous êtes

réellement convaincu que la personne peut donner des résultats satisfaisants dans le nouveau poste. « Refiler » un collaborateur médiocre à un collègue ne grandira pas votre réputation, soyez-en assuré.

Trouvez des candidats

Afin de permettre à votre équipe de continuer à fonctionner pendant que vous élaborez la meilleure configuration possible à long terme, vous devrez peut-être conserver un collaborateur dont vous n'êtes pas satisfait, le temps de lui trouver un remplaçant. Dès que vous êtes à peu près certain que telle personne va devoir quitter l'équipe, commencez à lui chercher discrètement un successeur. Évaluez d'autres collaborateurs de votre équipe et d'autres services. Utilisez les réunions de collaborateurs et les sessions régulières de *reporting* pour repérer les talents potentiels. Demandez au service ressources humaines de lancer un recrutement.

Traitez les individus avec respect

Durant chaque phase du processus de restructuration de votre équipe, veillez à traiter tout le monde avec respect. Même si certains membres de votre équipe estiment eux aussi que telle personne doit être remplacée, votre réputation sera mise à mal s'ils perçoivent vos actions comme injustes. Montrez à tous que vous ne conduisez pas l'évaluation des membres de votre équipe à la légère et que vous recherchez l'adéquation optimale entre les postes et les individus. La façon dont vous gérez cette dimension de votre travail aura une profonde influence sur l'opinion que vos subordonnés directs se feront de vous.

Aligner les objectifs, les primes et les indicateurs

Disposer des bonnes personnes dans votre équipe est indispensable mais non suffisant. Pour atteindre vos priorités de résultats et remporter des victoires rapides, il vous faudra également définir la contribution optimale de chaque membre de l'équipe à ces objectifs. Ce processus exige que vous décomposiez les objectifs en éléments et que vous travailliez avec votre équipe pour assigner la responsabilité de chaque élément à un membre donné. Il s'agira ensuite de rendre chaque individu responsable de la gestion de ses objectifs. Comment favorise-t-on la responsabilisation ? En mettant en place des systèmes de motivation efficaces et des critères précis de mesure de la performance.

Concevez des systèmes de motivation

Un cocktail d'outils « *push* » et « *pull* » est ce qui fonctionne le mieux pour motiver une équipe et modeler les comportements (voir Figure 7.2). Les outils *push*, comme les systèmes de rémunération, les systèmes de mesure des résultats, les budgets annuels et ainsi de suite, motivent les individus à travers l'autorité, la loyauté, la peur et l'attente de récompenses pour un travail productif. Les outils *pull*, ainsi d'une vision mobilisatrice, inspirent les individus en invoquant une image positive et excitante de l'avenir.

Le panachage que vous utiliserez dépendra de ce que vous avez découvert des préférences des membres de votre équipe en la matière. Vos jeunes loups répondront sans doute avec enthousiasme aux outils de motivation *pull* alors qu'avec les collaborateurs plus méthodiques et moins amateurs de risque les outils *push* donneront de meilleurs résultats.

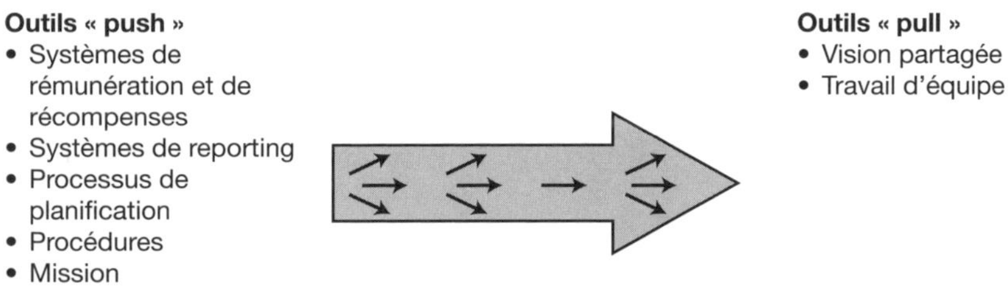

Figure 7.2 : Panachez les outils *push* et les outils *pull* pour motiver votre équipe

Comment trouver le bon équilibre ? Plusieurs options s'offrent à vous. La première question à vous poser est celle de savoir comment vous récompenserez les membres de l'équipe lorsqu'ils atteignent leurs objectifs. Quel panachage de récompenses monétaires et non monétaires utiliserez-vous ?

Un autre point extrêmement important est de décider si vous fonderez les récompenses sur les résultats individuels ou sur les résultats collectifs. Avez-vous besoin d'une équipe très performante ou suffit-il que le groupe soit très performant ? La distinction est importante. Si vos subordonnés directs travaillent seuls pour l'essentiel, et que la réussite du groupe dépend principalement de réalisations individuelles, vous n'avez pas besoin de promouvoir le travail d'équipe et vous devriez envisager un système de primes individuelles. En revanche, si la réussite repose sur la coopération de vos subordonnés directs et l'intégration de leurs expertises, un véritable travail d'équipe est essentiel et vous aurez tout intérêt à utiliser des objectifs et des primes collectifs si vous voulez que votre équipe avance du même pas.

Cela étant, dans la plupart des cas, vous souhaiterez récompenser et l'excellence individuelle et l'excellence collective. Le panachage des deux types de récompenses dépendra de l'importance relative des activités individuelles et des activités collectives pour le succès global de votre unité.

Concevoir des systèmes de motivation est un véritable défi, un défi que tout manager doit cependant relever s'il veut que son équipe travaille d'un même mouvement à atteindre les objectifs qui ont été définis. Vos subordonnés directs doivent agir comme des agents de votre « cause », qu'ils se consacrent à leurs responsabilités collectives ou à leurs responsabilités individuelles. Vous ne sauriez donc leur offrir des primes pour atteindre des objectifs individuels lorsqu'un véritable travail d'équipe est nécessaire – et vice versa.

L'équation de la motivation

L'équation de la motivation définit le panachage de systèmes de rémunération et de récompenses que vous utiliserez pour favoriser les résultats souhaités. En voici les formules de base :

A. Récompense totale = récompense non monétaire + récompense monétaire

Le montant relatif des récompenses monétaires et non monétaires dépend de la disponibilité de récompenses non monétaires, telles que la promotion et la reconnaissance, et de la perception de leur importance pour les collaborateurs concernés.

B. Récompense monétaire = rémunération fixe + rémunération basée sur les résultats

Le montant relatif de la rémunération fixe et de la rémunération variable dépend en premier lieu de l'observabilité et de la possibilité de mesurer les contributions des collaborateurs, puis du temps entre la prestation et les résultats. Moins les contributions sont facilement observables et mesurables et plus le temps est long entre la prestation et les résultats, plus la part de la rémunération fixe devra être élevée.

C. Rémunération basée sur les résultats = rémunération basée sur les performances individuelles + rémunération basée sur les performances collectives

La part relative de la rémunération basée sur les performances individuelles et de celle basée sur les performances collectives dépend du degré d'interdépendance des contributions. Si l'excellence découle de la somme des efforts individuels, c'est la performance individuelle qui devra être récompensée (cas d'une équipe de vente, par exemple). Si la coopération et l'intégration du groupe sont essentielles, alors les récompenses basées sur les résultats collectifs devront peser davantage (cas d'une équipe de développement produit, par exemple). Notez qu'il peut y avoir plusieurs niveaux de motivation collective : équipe, unité et organisation dans son ensemble.

Définissez les indicateurs de performance

Fixer – et respecter – des indicateurs précis et explicites de performance est le meilleur moyen de favoriser la responsabilisation individuelle. Vous devez donc sélectionner des indicateurs qui vous permettront de savoir sans ambiguïté si un membre de l'équipe a atteint ou non ses objectifs.

Évitez les objectifs trop généraux, du type « Améliorer le chiffre d'affaires » ou « Réduire le temps de développement des produits ». Définissez les objectifs en termes quantifiables. Par exemple : « Augmenter les ventes du produit X de 15 à 30 % au cours du quatrième trimestre de cette année », ou « Réduire le temps de développement sur la ligne de produit Y de 12 à 6 mois au cours des deux prochaines années ».

Mettre en place de nouveaux processus au sein de l'équipe

Il s'agit à présent de déterminer comment vous voulez que fonctionne votre équipe, c'est-à-dire définir les processus qui modèleront son fonctionnement. Chaque équipe a sa façon à elle d'envisager les réunions, de prendre des décisions, de résoudre les conflits et de répartir les tâches et les responsabilités. Il est probable que vous souhaiterez mettre en place de nouveaux processus au sein de votre équipe. Mais attention à ne pas vous atteler trop précipitamment à cette tâche. Commencez par vous familiariser avec la façon dont travaillait votre équipe avant votre arrivée et par évaluer ses processus. De la sorte, vous pourrez conserver ce qui mérite de l'être et changer le reste.

Évaluez les processus actuels de l'équipe

Comment acquérir rapidement une bonne connaissance des processus de votre équipe ? Discutez avec les membres de l'équipe et le personnel support, ainsi qu'avec votre nouveau supérieur et votre prédécesseur. Obtenez d'eux qu'ils vous expliquent les grandes lignes de leurs fonctions et les processus clés. Prenez connaissance des comptes rendus de réunions et des rapports d'équipe. Cherchez à obtenir des réponses aux questions suivantes :

- Le rôle des participants : qui avait le plus d'influence sur votre prédécesseur ? Qui tenait le rôle de l'avocat du diable ? Qui était l'innovateur ? Qui évitait l'incertitude ? Qui tout le monde écoutait-il avec le plus d'attention ? Qui était le pacificateur ? L'agitateur ?
- Les réunions de l'équipe : à quelle fréquence votre équipe se réunissait-elle ? Qui participait ? Qui définissait l'ordre du jour ?
- La prise de décision : qui prenait quel type de décision ? Qui était consulté ? Qui était informé des décisions une fois qu'elles avaient été prises ?
- Le style de leadership : quel était le style de leadership de votre prédécesseur ? C'est-à-dire comment préférait-il apprendre, communiquer, motiver et aborder les décisions ? En quoi votre style est-il différent du sien ? Si ces différences sont très marquées, comment allez-vous gérer leur impact probable sur votre équipe ?

Changez ce qui doit l'être

Le moment est venu d'exploiter ce que vous avez appris et de mettre en place les nouveaux processus que vous jugez nécessaires. Il est fréquent par exemple que les nouveaux managers considèrent que les processus de réunion et de prise de décision de leur équipe peuvent être améliorés. Si c'est votre cas, expliquez précisément à votre équipe les changements envisagés. À quelle fréquence se réunira l'équipe ? Qui participera à ces réunions ? Comment les ordres du jour seront-ils dorénavant définis et diffusés ? Définir des processus précis et efficaces aidera votre équipe à avancer du même pas et à remporter des victoires rapides.

Revoyez la carte des participants

Un des problèmes de processus d'équipe les plus courants – et une formidable occasion d'envoyer un message de changement – concerne le choix des participants aux réunions du noyau dur de l'équipe. Dans certaines organisations, les réunions clés ne sont pas suffisamment sélectives : trop de personnes participent aux discussions et à la prise de décision. Si tel est le cas, prenez rapidement les dispositions nécessaires pour réduire la taille du noyau dur et optimiser les réunions – envoyant du même coup un message de renouveau et d'efficacité à tous. Dans d'autres entreprises, les réunions clés pèchent par l'excès inverse : des collaborateurs dont le point de vue serait précieux et qui détiennent des informations importantes en sont systématiquement exclus. Si c'est le cas, faites rapidement ce qu'il faut pour élargir la participation ; vous ferez ainsi comprendre à chacun que le favoritisme n'est pas à l'ordre du jour et que vous valorisez l'écoute et le dialogue.

Gérez la prise de décision

La prise de décision est un autre réservoir de progrès potentiels. Rares sont les leaders d'équipe qui gèrent correctement le processus de prise de décision. La plupart d'entre eux, en effet, s'en tiennent à une approche unique, alors que des types de transition différents appellent des processus de prise de décision différents. Outre qu'ils privilégient le style avec lequel ils sont le plus à l'aise, nombre de managers pensent que leurs subordonnés directs seraient déstabilisés par une approche plus diversifiée.

Les recherches que j'ai menées avec mes collègues Amy Edmondson et Mike Roberto[1] tendraient à suggérer que ce raisonnement ne tient pas. Ce qui est important, c'est de disposer d'une grille d'analyse pour comprendre et expliquer pourquoi différents types de décisions donneront lieu à des approches distinctes.

Réfléchissez aux différents modes de décisions qui s'offrent à une équipe. Comme on le voit sur la Figure 7.3, les approches peuvent être disposées sur un continuum qui va de la prise de décision unilatérale à l'unanimité. Dans le mode unilatéral, le manager prend la décision, seul ou en s'appuyant sur un nombre d'avis limité. Les dangers de cette approche sont évidents : vous risquez de vous priver d'informations et de points de vue importants et de n'obtenir qu'un soutien mitigé pour la mise en œuvre.

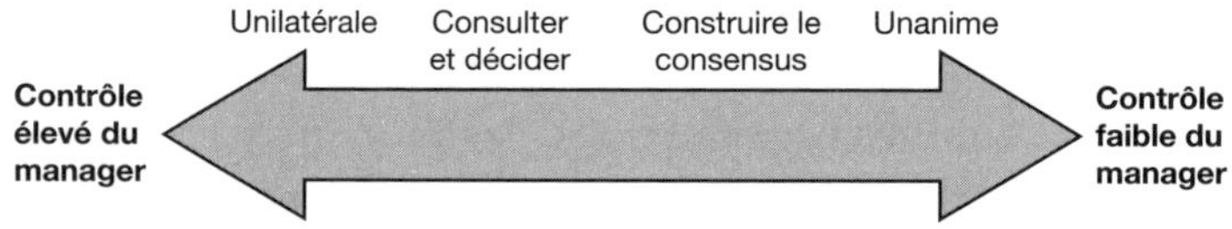

Figure 7.3 : Spectre de la prise de décision collective

À l'autre extrémité, les processus qui requièrent l'adhésion unanime de plus de quelques personnes tendent à pâtir d'une dilution de la décision. Ils ne s'achèvent jamais. Ou, lorsqu'une décision finit par être prise, il s'agit souvent d'un compromis, du plus petit commun dénominateur. Dans un cas comme dans l'autre, les contextes d'urgence – opportunités ou menaces – ne sont pas gérés efficacement.

Entre ces deux extrêmes, on trouve les processus de prise de décision qu'utilisent la plupart des managers : « consulter et décider » et « construire le consensus ». Lorsqu'un manager sollicite informations et points de vue de ses subordonnés directs – individuellement ou en tant que groupe –, mais se réserve le droit de prendre la décision finale, il utilise l'approche « consulter et décider ». Il sépare en fait le processus de collecte et d'analyse des informations du processus d'évaluation et de décision finale, faisant appel au groupe pour l'un mais pas pour l'autre.

Dans l'approche consensuelle, le manager recherche à la fois informations et analyses, et adhésion du groupe pour toute décision. L'objectif n'est pas un consensus total mais un consensus suffisant. Cela signifie qu'une part prépondérante du groupe considère que c'est la bonne décision et, tout aussi important, que les autres membres l'acceptent et sont prêts à soutenir sa mise en œuvre.

Quand privilégier tel processus ou tel autre ? La réponse n'est certainement pas : « Dans l'urgence, j'utiliserai l'approche " consulter et décider ." » Pourquoi ? Parce que, s'il est vrai que cette voie vous permet de parvenir à une décision plus rapidement, vous n'en atteindrez pas pour autant nécessairement le résultat souhaité plus vite. Vous risquez en effet de devoir passer beaucoup de temps à « vendre » la décision après que celle-ci aura été prise, ou de découvrir que la mise en œuvre laisse à désirer – ce qui vous obligera à revenir à la charge auprès de l'équipe. Les managers sujets à l'impératif de l'action y sont naturellement les plus enclins.

Les règles ci-dessous vous aideront à choisir le processus de décision à utiliser :

- Si la décision est très sensible – il y aura des gagnants et des perdants – vous aurez en général intérêt à recourir au mode « consulter et décider » et à trancher. L'approche consensuelle risque en effet non seulement de ne pas déboucher sur une bonne décision, mais en plus de créer des tensions. En d'autres termes, il est préférable que les décisions portant sur le partage de pertes ou de douleurs au sein d'un groupe soient prises par le manager.

- Si la décision requiert pour sa mise en œuvre un soutien actif de la part de collaborateurs dont vous ne pouvez observer et contrôler les performances comme il le faudrait, vous obtiendrez de meilleurs résultats en utilisant l'approche consensuelle. Une fois de plus, le mode consultatif vous permettrait peut-être de parvenir plus rapidement à une décision, mais pas au résultat souhaité.

- Si vous dirigez une équipe de personnes peu expérimentées, vous aurez intérêt à privilégier l'approche « consulter et décider » jusqu'à ce que vous ayez pris la mesure de l'équipe et développé les capacités de ses membres. Si vous essayez d'adopter le mode consensuel avec une équipe inexpérimentée, le processus risque de s'enliser, ce qui vous obligera à imposer une décision – fragilisant du même coup le travail d'équipe.

- Si vous prenez la responsabilité d'un groupe de personnes auprès desquelles vous avez besoin d'établir votre autorité (par exemple, vous supervisez d'anciens collègues), il est préférable de recourir à l'approche « consulter et décider » pour prendre des décisions précoces clés. Par la suite, lorsque les gens verront que vous disposez de l'assurance et des connaissances nécessaires pour prendre des décisions difficiles, vous pourrez recourir davantage à l'approche consensuelle.

Le choix du mode de prise de décision variera également en fonction de la situation ST_ARS que vous rencontrez. Les start-up et les redressements sont des contextes dans lesquels l'approche « consulter et décider » donne de bons résultats. Les problèmes sont souvent de nature davantage technique (marchés, produits, technologies) que culturelle ou politique. En outre, les collaborateurs attendent peut-être un leadership « fort », qui est souvent associé au style « consulter et décider ». Pour être efficaces dans les contextes de redéfinition et de pérennisation, en revanche, les managers doivent composer avec des équipes fortes et gérer des enjeux culturels et politiques. Dans ces cas de figure, l'approche consensuelle se révèle en général la plus efficace.

Pour moduler votre approche en fonction de la nature de la décision à prendre, vous devrez parfois faire taire vos préférences. La plupart des managers valorisent généralement le mode semi-consultatif (« consulter et décider ») et le mode consensuel (« construire le consensus »). Envisagez donc d'expérimenter l'autre style dans des situations adaptées.

Pour éviter de créer la confusion, expliquez à vos subordonnés quel processus vous allez utiliser et pourquoi. Plus important, veillez à ce que le processus soit toujours équitable[2]. Même si les gens ne sont pas d'accord avec la décision finale, ils la soutiendront souvent s'ils ont le sentiment que leur point de vue et leurs intérêts ont été écoutés et pris au sérieux et que vous leur avez présenté une argumentation solide et étayée des raisons de votre décision. Par conséquent, ne vous engagez pas dans une parodie de recherche du consensus, en essayant par exemple d'obtenir l'adhésion de votre équipe pour une décision qui a déjà été prise. Cela ne trompe généralement personne, alimente le cynisme et met en danger la mise en œuvre.

Enfin, vous pourrez généralement passer d'un mode à l'autre lorsque vous serez plus familier des intérêts et des positions des membres de votre équipe. Il est par exemple pertinent de débuter en mode « construire le consensus », mais de vous réserver le droit de passer au mode « consulter et décider » si le processus devient trop sensible ou crée trop de dissensions. À l'inverse, il pourra être cohérent de débuter en mode « consulter et décider », puis de passer à l'autre s'il apparaît qu'une mise en œuvre conquérante est essentielle et le consensus possible.

Relancer l'équipe

Vous saurez que vous avez triomphé du défi du *team-building* lorsque vous atteindrez le seuil de rentabilité – lorsque l'énergie que crée l'équipe est supérieure à l'énergie que vous devez lui insuffler. Cela exigera un peu de temps, et c'est normal ; il faut charger la batterie avant de pouvoir démarrer le moteur.

POUR ACCÉLERER LA TRANSITION

1. Quels sont vos critères pour évaluer les membres de votre équipe ? Comment les collaborateurs dont vous avez hérité se mesurent-ils à ces critères ?
2. Comment devez-vous faire évoluer la composition de votre équipe ? Quels changements de collaborateurs sont urgents et lesquels peuvent attendre ? Comment enrichirez-vous le réservoir de collaborateurs potentiels ?
3. Quel processus mettrez-vous en place pour vous séparer des collaborateurs qui doivent partir rapidement ? Que pouvez-vous faire pour préserver la dignité des personnes concernées ?
4. De quelle aide aurez-vous besoin pour le processus de restructuration et où la trouverez-vous ?

5. Avez-vous besoin de faire évoluer les systèmes de rémunération et de motivation existants ? Les collaborateurs de votre unité bénéficient-ils de systèmes de motivation qui favorisent la coopération et une saine émulation ?
6. Comment voulez-vous que fonctionne votre nouvelle unité ? Quel rôle voulez-vous que chacun joue ? Avez-vous besoin de réduire le noyau dur ou de le renforcer ?
7. Comment envisagez-vous de gérer la prise de décision ? Commencerez-vous par privilégier le mode « consulter et décider » ou le mode « construire le consensus » ?

Chapitre 8

CRÉEZ DES COALITIONS

Après avoir été pendant cinq ans directeur pays dans un groupe de matériel médical, Jack Daley s'est vu confier la responsabilité marketing au niveau mondial d'une ligne de produits clé dans la division matériel orthopédique. Au sein du groupe, les divisions développaient de nouveaux produits et les « vendaient » en interne aux unités ventes et marketing basées dans les différents pays où était implanté le groupe.

Au fil des années, Jack s'était habitué à user d'autorité pour obtenir ce qu'il voulait de ses équipes. Les directeurs pays étaient responsables de leur compte d'exploitation et c'étaient eux, également, qui décidaient du portefeuille de produits de leurs forces de vente. Souvent comparés à des seigneurs féodaux, les directeurs pays disposaient d'un contrôle considérable sur leurs activités et jouissaient d'un statut prestigieux au sein des milieux d'affaires de leurs pays respectifs. Facilement arrogants, ils étaient connus pour avoir la dent dure avec ceux qui prétendaient leur dicter les produits qu'il fallait vendre sur leurs marchés.

Et voilà que Jack se retrouvait brutalement de l'autre côté de la barrière : pour réussir, il allait devoir convaincre ses anciens pairs. Après quelques réunions désastreuses au cours desquelles il essaya d'imposer ses produits, il mit de l'eau dans son vin et changea d'approche. Il identifia plusieurs pays qui représentaient des marchés potentiels prometteurs pour son produit et rencontra les directeurs pays concernés. Il leur exposa les avantages de son produit et leur proposa de prendre à sa charge les coûts de formation des représentants commerciaux. Puis il écouta. Plusieurs directeurs pays passèrent commande. Bientôt, le produit était largement diffusé dans les autres pays – même ceux dont les directeurs avaient commencé par éconduire Jack.

Ayant observé que son approche directive habituelle n'était pas adaptée à son nouveau poste, Jack Daley a compris qu'il devait influencer sans imposer. Si votre réussite dépend de l'adhésion de personnes qui ne sont pas placées sous votre responsabilité directe, le seul moyen de parvenir à vos fins est de créer des coalitions. L'autorité directe n'est jamais suffisante pour remporter la bataille. Les réseaux d'influence – des liens informels entre collègues – vous aideront à trouver des soutiens pour vos idées et vos objectifs. Mais c'est à vous qu'il appartient de bâtir les coalitions qui vous permettront de parvenir à vos fins. Pour ce faire, vous avez besoin d'une stratégie d'influence : savoir qui vous devez influencer, repérer vos alliés et vos opposants potentiels et convaincre « l'électorat flottant ». Cette démarche, et ses différentes étapes, est partie intégrante de votre plan des 90 premiers jours.

Cartographier les forces en présence

Les nouveaux managers commettent souvent l'erreur de consacrer trop de temps à la dimension verticale de l'influence – en haut, vers leur supérieur, et en bas, vers leurs subordonnés directs – et pas assez à la dimension horizontale : pairs et groupes d'influence extérieurs. L'erreur est compréhensible : c'est tout naturellement que vous vous intéressez à ceux à qui vous rendez des comptes et à ceux qui vous rendent des comptes. C'est en effet d'abord à travers eux que vous aurez un impact et que vous ferez la preuve de vos compétences.

Tôt ou tard, toutefois, vous aurez besoin du soutien de personnes qui échappent à votre autorité directe, au sein de l'organisation et à l'extérieur de celle-ci. Bien souvent, vous ne disposerez que d'un capital social limité auprès de ces personnes. Il vous faudra donc vous atteler à nouer des relations avec les acteurs clés de votre nouvel écosystème. Mettez-vous au travail le plus tôt possible. Ce n'est jamais une bonne idée de commencer à s'intéresser aux gens lorsqu'on a besoin d'eux. N'attendez pas que votre maison brûle pour aller dire bonjour à vos nouveaux voisins.

Comment avez-vous constitué et entretenu vos réseaux relationnels jusqu'à présent ? Le soutien de certaines personnes que vous n'avez pas encore rencontrées est-il indispensable à votre réussite ?

Identifiez les acteurs clés

Comment savoir qui sera important pour votre réussite ? Jusqu'à un certain point, cela deviendra évident lorsque vous connaîtrez mieux l'organisation. Mais vous pouvez accélérer ce processus. Commencez par identifier les interfaces clés entre votre unité ou votre groupe et le reste de l'organisation au sens large. Les clients et les fournisseurs, en interne comme en externe, sont des cibles naturelles.

Une autre stratégie consiste à exploiter les réseaux de votre supérieur. Demandez-lui la liste de la dizaine de personnes extérieures à votre groupe qu'il pense que vous devriez connaître et organisez des réunions avec elles le plus rapidement possible. Dans le respect de la règle d'or de la transition, faites de même lorsque de nouveaux subordonnés directs rejoignent votre équipe : remettez-leur une liste de relations prioritaires et aidez-les à rencontrer les collaborateurs en question.

Une autre approche qui vous sera utile consiste à diagnostiquer les réseaux d'influence informels, ce que l'on a pu appeler « l'organisation de l'ombre » et « l'entreprise derrière les organigrammes[1] ». Toute organisation recèle de tels réseaux, dont l'influence est loin d'être négligeable en matière de changements. Ces réseaux existent parce que les individus ont tendance à s'en remettre à d'autres dont ils respectent les opinions sur tel ou tel sujet.

Pour bâtir les coalitions de soutien indispensables à votre réussite, vous devez donc commencer par identifier les schémas d'allégeance et les sources de pouvoir qui les sous-tendent. Comment ? Observez attentivement ce qu'il se passe autour de vous, en réunion et ailleurs, pour savoir qui s'en remet à qui pour les décisions importantes. Essayez de repérer les alliances. Qui demande conseil à qui ? Qui partage quelles informations avec qui ? Qui contrôle les ressources ? Qui est connu pour se mettre en quatre pour ses amis ? Qui doit une faveur à qui ?

Dans le même temps, essayez d'identifier les sources de pouvoir qui confèrent à certains individus une influence au sein de l'organisation. Les sources de pouvoir habituelles dans une organisation sont :

- l'expertise ;
- l'accès à l'information ;
- le statut ;
- le contrôle des ressources, comme les budgets et les récompenses ;
- la loyauté.

Vous pouvez utiliser certaines des techniques décrites dans le Chapitre 2 sur l'accélération de l'apprentissage pour mettre au jour ces dynamiques politiques. Discutez avec d'anciens collaborateurs et des personnes qui ont travaillé avec l'entreprise par le passé. Recherchez les historiens naturels.

Enfin, vous serez à même de repérer les leaders d'opinion : des personnes qui, de par leur autorité officielle, une expertise particulière ou encore le seul pouvoir de leur personnalité, ont une influence prépondérante sur les autres membres de l'organisation. Si vous parvenez à convaincre ces individus clés du bien-fondé de vos priorités de résultats et de vos autres objectifs, il est probable que vos idées seront largement entendues. De la même manière, leur opposition risque de susciter une résistance à plus grande échelle.

Vous finirez également par reconnaître les coalitions de pouvoir : des groupes de collaborateurs qui coopèrent explicitement ou implicitement en vue d'atteindre des objectifs donnés ou de protéger des privilèges particuliers. S'ils décident de s'opposer à vous, vous n'aurez souvent d'autre choix que de briser ces coalitions pour en bâtir de nouvelles, favorables à vos idées.

Dressez une carte des influences

Il peut être instructif de synthétiser ce que vous venez d'apprendre sous la forme d'une carte d'influence telle que celle proposée en Figure 8.1. Celle-ci décrit le jeu des influences entre les membres d'une division imaginaire. Paul est directeur général de la division.

Todd est vice-président chargé du marketing et un allié de longue date de Paul. Nathan et Sarah sont vice-présidents chargés respectivement des ventes et de la recherche-développement. Dana, la nouvelle contrôleuse de gestion de la division, a créé cette carte d'influence pour l'aider à faire avancer ses projets de changement.

Le sens des flèches indique qui influence qui et la largeur de la flèche le poids de l'influence de l'individu sur les autres. Remarquez que, selon les sujets, l'influence peut être à double sens. Par exemple, Paul peut inciter Todd à fixer certains objectifs budgétaires pour le marketing. Todd, pour sa part, peut convaincre Paul d'autoriser le recrutement de nouveaux collaborateurs.

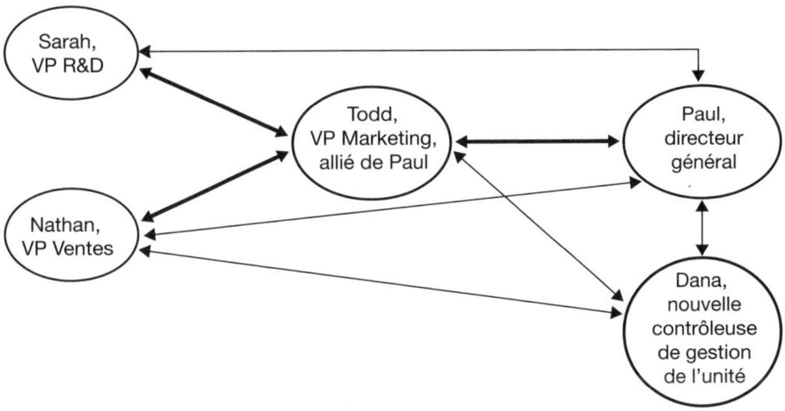

Figure 8.1 : Un exemple de carte d'influence

Identifiez les alliés, les opposants et les indécis

L'objectif de la cartographie est de vous aider à identifier les alliés, les opposants et les « indécis » – les personnes qui peuvent devenir des alliés sous réserve d'utiliser la bonne stratégie d'influence, celles dont dépend souvent l'issue du scrutin.

Les alliés seront favorables à vos projets parce que ceux-ci font avancer leurs propres intérêts, parce qu'ils vous respectent ou parce qu'ils trouvent vos idées intéressantes. Pour identifier vos alliés potentiels, mettez-vous en quête des profils suivants :

- Des personnes qui partagent votre vision de l'avenir. Si vous considérez que l'organisation a besoin d'un changement en profondeur, mettez-vous en quête de collaborateurs qui ont défendu des changements similaires à ceux que vous proposez.
- Des personnes qui ont œuvré sans bruit pour le changement à une échelle modeste, ainsi d'un ingénieur d'usine qui a trouvé une façon innovante de réduire les déchets sur son site.
- Des collaborateurs ayant récemment rejoint l'entreprise qui n'ont pas encore été acculturés à son mode de fonctionnement.

Quelles que soient les raisons qui motivent ces personnes à vous apporter leur soutien, ne considérez jamais celui-ci comme acquis. Entretenez-le et nourrissez-le régulièrement.

Les opposants s'opposeront à vous quoi que vous fassiez. Ils considèrent peut-être que votre stratégie n'est pas la bonne. À moins qu'ils n'aient d'autres raisons de ne pas adhérer à votre projet, par exemple :

- Le maintien du *statu quo* : ils s'opposent à des changements qui pourraient ébranler leur position ou altérer des relations établies.
- La peur de paraître incompétent : ils craignent de paraître ou de se sentir incompétents s'ils ont du mal à s'adapter aux changements que vous proposez.
- La mise en danger des valeurs : ils estiment que vous prônez une culture qui ne respecte pas les valeurs traditionnelles de l'organisation ou récompense des comportements inadéquats.
- La mise en danger de leur pouvoir : ils craignent que les changements que vous proposez (passage d'un mode de prise de décision unilatéral à un mode de prise de décision consensuel par exemple) ne les privent de leur pouvoir.
- Des conséquences négatives pour des alliés clés : ils redoutent que votre projet ait des conséquences négatives pour d'autres collaborateurs dont ils se soucient ou dont ils se sentent responsables.

Lorsque vous rencontrez une opposition, efforcez-vous d'en comprendre les raisons avant de classer les collaborateurs en question dans la catégorie des opposants implacables. D'une manière plus générale, cela vous permettra de contrer les arguments qu'ils utiliseront. Vous découvrirez peut-être que vous pouvez convertir à votre cause certains réfractaires de la première heure – en aidant par exemple les personnes en question à développer de nouvelles compétences. Cela étant, ne perdez pas un temps précieux à essayer de rallier des opposants convaincus.

Enfin, la catégorie des adeptes potentiels recouvre les personnes qui ne savent pas que penser du changement ou y sont indifférentes, et celles que vous pensez pouvoir convaincre une fois que vous aurez compris leurs intérêts. Après avoir repéré vos adeptes potentiels, vous devrez donc vous pencher sur leurs motivations. Un individu peut être motivé par différentes choses : statut, sécurité financière ou richesse, sécurité de l'emploi, relations sociales et professionnelles enrichissantes, opportunités de relever de nouveaux défis. Prenez donc le temps de cerner *leur* perception des choses. Mettez-vous à leur place : si vous étiez eux, qu'est-ce qui vous importerait ? S'il est possible d'engager un dialogue direct avec eux, demandez-leur comment ils perçoivent la situation et soyez à l'écoute de leur point de vue, de leurs attentes, de leurs craintes. Le cas échéant, essayez d'en savoir plus en vous renseignant auprès d'autres collaborateurs. Autrement, l'heure est sans doute venue de développer ces réseaux relais.

Dans le même temps, demandez-vous s'il existe des forces concurrentes qui pourraient inciter les indécis à s'opposer à votre projet. Leur faire comprendre que leurs intérêts sont compatibles avec les vôtres, par exemple, pourrait les inciter à vous rejoindre, mais la crainte de perdre un *statu quo* confortable les pousse à résister. Les intérêts et les forces concurrents font partie de ce que vous devez apprendre des règles du jeu politique de votre nouvelle organisation à travers vos conversations, l'exploration des décisions passées et l'observation des interactions au sein du groupe.

Utiliser les outils de la persuasion

Vous disposez à présent d'une connaissance suffisante du terrain pour envisager des stratégies d'influence. Lorsque j'aborde le thème de l'influence dans les organisations avec de nouveaux managers, je commence souvent par une expérience toute simple. « Vous êtes des managers sensés, sérieux, leur dis-je. Mais imaginons que je veuille vous amener à faire quelque chose d'absurde et de gênant, comme par exemple vous mettre debout, sauter à cloche-pied avec vos pouces dans vos oreilles en chantant à tue-tête “ Ho ! Hisse ! Ho ! Hisse ! ”. Comment pourrais-je vous persuader d'accomplir un tel acte ? »

Modelez les perceptions des choix

Deux stratégies d'influence émergent généralement tout de suite : la corruption et l'intimidation. Dans les deux cas, il s'agit d'agir sur les stimulations individuelles pour changer les comportements. Toutes deux modifient la façon dont les gens perçoivent les options qui s'offrent à eux lorsqu'ils décident s'ils vont se soumettre ou non. C'est l'art d'orienter les choix.

Avant que les manœuvres de corruption ou d'intimidation soient engagées, les membres du groupe ont une certaine vision des options qui s'offrent à eux – *statu quo* et changement –, une vision que l'on peut représenter par la Figure 8.2. Dans notre exemple, le *statu quo* suppose de rester assis à sa place alors que le changement implique d'avoir l'air ridicule. Confronté à ce choix, la plupart des individus opteraient pour le *statu quo*. C'est un peu la même chose dans les entreprises ; les collaborateurs envisagent souvent leurs options dans ces mêmes termes : dois-je me prêter à des changements dérangeants ou m'en tenir au *statu quo* plutôt confortable ?

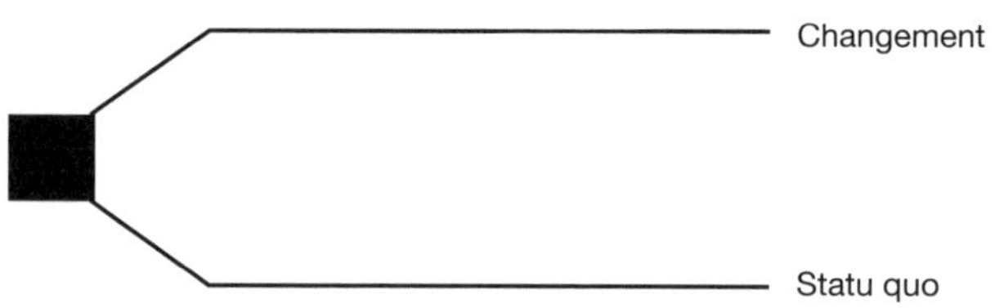

Figure 8.2 : Choisir entre le changement et le *statu quo*

À présent, supposons que je propose de l'argent aux participants pour qu'ils fassent ce que je demande. L'option du *statu quo* reste identique mais l'attractivité de l'option « changement » augmente.

Tout individu a un prix auquel il tolérerait une gêne sociale mineure parce que la récompense est suffisamment attractive.

L'analogie avec les initiatives de changement organisationnel est la suivante : trouver des moyens de dédommager les perdants potentiels pour rendre le changement plus acceptable. Naturellement, il y a des limites pratiques à votre capacité à agir de la sorte ; parfois, le prix est tout bonnement trop élevé. Mais il est toujours utile de vous demander si vous ne pouvez pas proposer des échanges, ou toute autre forme de compensation (votre soutien à leur projet, par exemple) pour gagner leur adhésion.

À présent, imaginons qu'au lieu d'avoir proposé une compensation, j'ai dit aux participants que s'ils refusaient de faire ce que je demandais, j'engagerais des malfrats pour leur casser les jambes. Et supposons que ma menace ait été crédible : les portes de la salle étaient fermées à double tour et les malfrats bien visibles, armés de barres en fer. Cette stratégie influence elle aussi la perception que le groupe a des options qui s'offrent à lui. Mais au lieu de rendre les bénéfices d'une soumission plus attractifs, elle rend la désobéissance plus coûteuse. Le coût perçu de « passer pour une andouille » demeure inchangé, mais les participants n'ont plus la possibilité de se contenter de rester assis. L'analogie en termes de gestion du changement organisationnel est la suivante : trouvez des moyens de supprimer le *statu quo* comme option possible. Si vous pouvez par exemple convaincre les gens que le changement aura lieu de toute façon, avec ou sans eux, leur choix devient tel que représenté en Figure 8.3.

Figure 8.3 : Choix entre participer ou être contraint de changer

Fourbissez des arguments irrésistibles

Au terme de ma démonstration, un des participants finit généralement par dire quelque chose comme : « Toute cette histoire de corruption et de coercition est répugnante. Pourquoi ne nous demandez-vous pas tout simplement de chanter en sautant à cloche-pied pour voir comment nous réagissons ? » La réponse est qu'il n'est absolument pas certain que les gens accepteront si je ne leur donne pas une bonne raison de le faire. Je demande donc au groupe : « Imaginons que je me contente de vous demander de faire cette chose ridicule. Comment puis-je augmenter la probabilité que vous acceptiez ? Quel raisonnement, quelle justification puis-je vous soumettre qui pourrait soit réduire les coûts perçus de l'action soit augmenter les coûts perçus de l'inaction ? »

Un des premiers arguments que je pourrais invoquer est l'utilité du comportement en question au regard des objectifs de formation du programme. Si le groupe me fait confiance et me juge crédible (en raison de mon expertise et de mon autorité en tant que formateur), mon explication a des chances de le convaincre. Il est donc utile d'avoir dans sa manche des arguments convaincants et étayés. Un argument séduisant en faveur du changement peut fonctionner de la même manière.

Vous avez à votre disposition plusieurs types d'arguments : ceux qui sont fondés sur la logique et des données, et ceux qui sont fondés sur des valeurs et les émotions que celles-ci provoquent. Il est également possible de combiner les deux. Les arguments rationnels doivent s'adresser directement aux intérêts pragmatiques des personnes que vous souhaitez convaincre. Les arguments faisant appel à des valeurs, pour leur part, visent à déclencher des réactions, voire des réflexes émotionnels – par exemple, évoquer le patriotisme pour que les gens acceptent des sacrifices en temps de guerre. Les valeurs les plus couramment invoquées pour convaincre autrui d'adopter des changements potentiellement douloureux sont présentées dans le Tableau 8.1.

Tableau 8.1 : Faire vibrer la corde des valeurs

Valeurs	**Dans le contexte de l'entreprise**
Loyauté	- Dévouement à un idéal - Sacrifice pour atteindre cet idéal
Engagement et contribution	- Service aux clients et aux fournisseurs - Créer une organisation, une société, un monde meilleurs
Valeur et dignité individuelles	- Respect de l'individu exprimé comme la suppression des pratiques d'exploitation ou condescendantes et la promotion de la dignité et de l'égalité des chances pour tous - Donner aux individus les moyens de réaliser leur potentiel
Intégrité	- Respect de la lettre et de l'esprit de la loi - Comportement éthique et honnête - Justice dans toutes les interactions

Organisez des événements qui obligent à l'action

Comment peut-on amener des personnes à agir ? La question est loin d'être triviale : même avec toute la bonne volonté du monde, il est parfois extrêmement tentant de reporter les décisions et d'éviter d'engager des ressources limitées. Lorsque votre réussite exige l'action coordonnée d'un grand nombre de personnes, l'atermoiement d'une seule d'entre elles peut provoquer une réaction en chaîne, fournissant aux autres l'excuse qu'ils attendaient pour ne pas agir. Vous devez donc faire en sorte que l'inaction ne soit pas une option.

Une façon de faire consiste à organiser des événements qui obligent à l'action – des événements qui conduisent les gens à s'engager ou à agir. Ainsi par exemple, on fixera, à ceux qui prennent des engagements, des calendriers assortis de jalons de mise en œuvre progressive. Réunions, revues de progrès et échéances sont autant d'outils qui maintiennent l'organisation en mouvement : organiser des réunions régulières pour faire le point sur l'avancement des projets et demander des comptes aux collaborateurs qui ne respectent pas leurs engagements crée une forme de pression psychologique qui oblige chacun à continuer à avancer.

Une mise en garde toutefois : ne poussez pas à l'action tant que vous n'êtes pas certain que l'équilibre des forces agissant sur les acteurs clés penche en votre faveur. Faute de quoi, vous pourriez effectivement réussir à obliger votre équipe à prendre position, mais la pousser sans le vouloir vers le « mauvais » côté de la route. Une nouvelle fois, appuyez-vous sur vos conversations avec les collaborateurs impliqués et sur votre réseau pour vous faire une idée de la situation et des forces en présence.

Utilisez des chemins détournés

Faire évoluer les systèmes de motivation, fourbir des arguments convaincants et organiser des événements qui obligent à l'action sont des techniques de persuasion relativement statiques : vous vous faites une idée de la façon dont les gens perçoivent leurs choix, puis vous concoctez un mélange de forces *push* et de forces *pull* en vue de modifier leurs perceptions. Et vous obtenez le comportement voulu.

Reste que ces techniques ont leurs limites. Que faire, par exemple, si le coût de la « conversion » des individus est trop élevé pour vous ou si celle-ci ne peut être obtenue en une seule fois ?

Songez alors à utiliser des stratégies d'encerclement – qui font passer les individus de A à B par une série de petites étapes plutôt que par un grand saut. Pour reprendre notre exemple du saut à cloche-pied, je pourrais commencer par demander aux participants de se lever, puis de se tenir sur une jambe et ainsi de suite.

L'idée est de vous appuyer sur de petits engagements pour en obtenir de plus grands. Si vous voulez lancer un projet, par exemple, commencez par obtenir que les collaborateurs acceptent de participer à une réunion de préparation initiale. Puis qu'ils s'engagent à participer à la réunion suivante, puis à travailler sur un point précis, et ainsi de suite. Cette technique fonctionne parce que chaque étape crée un nouveau point de référence psychologique à partir duquel on décide ou non d'engager l'étape suivante. Chaque fois que possible, essayez de rendre chaque étape irréversible, comme une porte qui se verrouille une fois qu'on l'a franchie. Obtenir des individus qu'ils prennent des engagements en public ou par écrit, par exemple, rend plus difficile tout retour en arrière.

La résolution de problèmes en plusieurs étapes est une autre technique d'encerclement, qui peut être utilisée pour vaincre les résistances au changement. Dans un premier temps, obtenez des individus qu'ils participent à une collecte de données sur, par exemple, les performances de l'organisation par rapport à ses concurrents. Supervisez attentivement ce processus pour être sûr que la démarche est objective et que les membres du groupe utilisent des comparaisons extérieures. L'important à ce stade est de les amener à admettre qu'il y a un ou des problèmes qui doivent être traités.

Dans un deuxième temps, votre objectif sera de conduire l'équipe à une définition commune du « problème ». Quel est exactement le problème ? Le cas échéant, utilisez des outils d'analyse des processus ; il est essentiel que l'équipe engage une réflexion de fond sur les racines du problème. Ensuite, faites travailler les membres ensemble sur l'identification de critères permettant d'évaluer les différentes actions possibles. En quoi consisterait une « bonne » solution ? Quels peuvent être nos critères de réussite ?

Enfin, utilisez les critères ainsi identifiés pour évaluer les options. Quels sont les mérites et les inconvénients de chaque option ? À ce stade, nombre de personnes accepteront des choses qu'elles auraient refusées au départ.

Une autre stratégie indirecte consiste à utiliser le changement de comportement pour entraîner un changement d'attitude. C'est souvent l'inverse que l'on entend, mais il faut savoir que l'équation changement d'attitude / changement de comportement fonctionne dans les deux sens. Il est effectivement possible de modifier les attitudes d'un individu (avec un argument convaincant ou une vision motivante) et, ainsi, de faire évoluer son comportement. Mais agir sur les attitudes, et la culture d'une organisation, est une tâche difficile qui, lorsqu'on parvient à la mener à bien, exige énormément de temps.

Il apparaît en revanche que si l'on peut faire évoluer les comportements des individus dans le sens souhaité, leurs attitudes changeront pour soutenir le nouveau comportement. Les individus, en effet, ressentent un fort besoin de préserver une forme de cohérence de leur comportement et de leurs croyances. Les implications en termes de persuasion sont évidents : il est souvent plus judicieux de chercher à amener les individus à agir différemment, par exemple en changeant les systèmes d'évaluation et de motivation, que d'essayer d'emblée de changer leurs attitudes. Si vous obtenez d'eux les « bonnes » actions, les bonnes attitudes suivront.

« Séquencez » pour créer une dynamique

Comme nous l'avons vu, les individus recherchent auprès d'autres individus appartenant à leurs réseaux sociaux des indices sur « ce qu'il faut penser » et s'en remettent à d'autres possédant expertise ou statut sur des sujets donnés. Selon les cas, les réseaux d'influence qui en résultent constitueront un obstacle redoutable à vos initiatives ou tout au contraire un actif précieux que vous pourrez exploiter – voire les deux.

Reprenons notre exemple : demander à un groupe d'individus de faire une chose embarrassante. Imaginons que, en réponse à ma demande, un membre respecté du groupe dise : « Il est hors de question que je fasse une chose pareille. C'est stupide et humiliant. » Après pareille déclaration, personne d'autre, c'est quasiment sûr, ne fera ce que j'ai demandé. Mais supposons maintenant que la même personne saute sur ses pieds, donne un coup de coude à son voisin et lui dise : « Chiche ! on va se marrer ! » Il est probable que le reste du groupe lui emboîtera le pas. Le dernier à se lever pourra difficilement échapper à la pression sociale qui pèse sur lui.

Imaginons que j'aie analysé le groupe avant de commencer l'expérience et que j'en aie identifié le membre le plus influent. Que je l'aie rencontré avant l'exercice et que je lui aie demandé de bien vouloir être mon complice pour m'aider à illustrer des points importants de la dynamique des groupes. Il y a de grandes chances pour que cette personne accepte de le faire – et que les autres se rallient ensuite à son panache blanc.

Ce qu'il faut en retenir, c'est que vous pouvez exploiter votre connaissance des réseaux d'influence pour agir sur un groupe au moyen de ce que mon collègue Jim Sebenius appelle une « stratégie de séquençage[2] ». L'ordre dans lequel vous approchez des alliés et des alliés potentiels aura un impact décisif sur votre démarche de création de coalition. Pourquoi ? Une fois un allié respecté acquis à votre cause, il vous sera beaucoup plus facile d'en recruter d'autres. Ce faisant, votre base de ressources grandit. Avec un soutien plus étendu, la probabilité de succès de votre projet augmente elle aussi.

Et cette perspective optimiste facilite le recrutement de nouveau supporters.

Si vous vous adressez en premier aux bonnes personnes, vous mettez en mouvement un cercle vertueux (voir Figure 8.4). Vous devez donc être particulièrement vigilant dans le choix de vos premières cibles et dans la façon dont vous entrerez en contact avec elles.

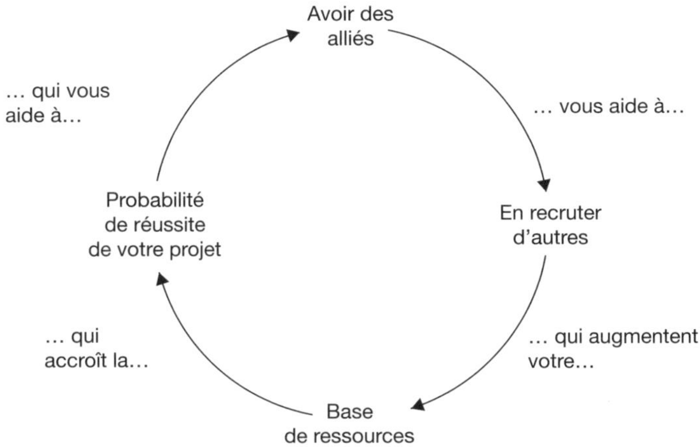

Figure 8.4 : Le cycle de construction de la coalition

Vers qui devez-vous vous tourner en premier ? Concentrez vos efforts sur :

- les personnes avec qui vous entretenez déjà des relations de coopération ;
- les individus dont les intérêts sont fortement compatibles avec les vôtres ;
- les personnes qui disposent des ressources indispensables à la réussite de votre projet ;
- les individus ayant des connexions importantes, qui peuvent recruter d'autres alliés.

Orchestrer l'ensemble

Bâtir des coalitions exige de consolider vos sources existantes de soutien tout en développant des relations avec ceux qui disposent de ressources ou de relations indispensables à votre réussite. L'élément décisif est l'ordre dans lequel vous aller procéder. Vous devrez aussi convaincre les indécis et autres alliés potentiels de se rallier à votre bannière.

Pour consolider le soutien dont vous disposez déjà, exploitez vos relations sociales et politiques et entretenez-les par des conversations régulières. Tenez vos alliés informés et soyez attentif à la façon dont ils réagissent aux événements. Vous pouvez même leur fournir des arguments à opposer à vos adversaires. L'idée est d'entretenir votre réseau de relations et de le mettre au service de votre cause.

POUR ACCÉLERER LA TRANSITION

1. De quel soutien ne pouvez-vous pas vous passer pour réussir ? Quelles coalitions existantes semblent les plus puissantes ?
2. Quels réseaux d'influence sont les plus importants pour vous ? Qui s'en remet à qui sur des enjeux clés ?
3. Qui sont vos alliés potentiels ? Vos adversaires potentiels ? Les indécis ? Comment testerez-vous vos hypothèses sur les forces en présence ?
4. Quels outils d'influence utiliserez-vous pour convaincre les indécis ? Comment allez-vous modeler les perceptions qu'ont vos alliés potentiels de leurs intérêts ? De leurs options ?
5. Comment pouvez-vous « séquencer » les interactions pour créer une dynamique en faveur de vos initiatives ? Existe-t-il des schémas d'allégeance que vous pourriez utiliser ? Vos alliés peuvent-ils vous aider à recruter d'autres partenaires clés ?

Chapitre 9

GARDEZ LA TÊTE FROIDE

Après avoir passé six ans dans le bureau new-yorkais d'une grande agence de publicité, Kipp Erikson a été promu à un poste de dirigeant dans la filiale canadienne du groupe, basée à Toronto. Il pensait que la transition serait un jeu d'enfant. Ne dit-on pas des Canadiens et des Américains qu'ils se ressemblent beaucoup ? Et si le Canada possède deux langues officielles, tout le monde à Toronto parle anglais. Sans compter que la ville a la réputation d'être agréable à vivre et riche en bons restaurants et manifestations culturelles.

Kipp fit ses bagages sur-le-champ, loua un appartement dans le centre de Toronto et se plongea dans son nouveau poste avec son énergie coutumière. Son épouse, Irène, décoratrice d'intérieur de talent, mit leur appartement de New York en vente et commença à préparer leurs deux filles, Katherine, dix ans, et Elizabeth, sept ans, à changer d'école en cours d'année. Kipp et Irène avaient dans un premier temps envisagé de repousser l'installation de la famille au Canada à la fin de l'année scolaire, quatre mois plus tard, pour finalement renoncer à cette option, jugeant la séparation trop longue.

Les premiers signes annonciateurs de difficultés imprévues pour Kipp furent presque anodins. Chaque fois qu'il essayait d'obtenir quelque chose de son équipe, Kipp avait l'impression de se débattre dans un océan de mélasse. New-Yorkais habitué à dire les choses sans détours, il fut bientôt exaspéré par la courtoisie excessive de ses nouveaux collègues et par leur aversion au risque (collègues qui, pour leur part, étaient interloqués par un sans-gêne à la limite de l'insensibilité). À la moindre occasion, Kipp se plaignait à Irène que ses collègues refusaient d'aborder les questions difficiles et fuyaient toute discussion de fond. Et il n'arrivait pas à trouver le type de personnes énergiques et audacieuses sur lesquelles il avait pu s'appuyer pour faire avancer les choses lorsqu'il était à New York.

Un mois après la prise de fonctions de Kipp, Irène le rejoignit à Toronto pour chercher une nouvelle maison et une école pour les enfants et pour prendre le pouls du marché local de la décoration d'intérieur. Mécontent de la façon dont les choses se passaient à l'agence, Kipp était irritable. Le moral d'Irène ne tarda pas à prendre le même chemin : aucune école ne correspondait à ce qu'elle cherchait pour ses filles. Elizabeth et Katherine étaient inscrites dans une excellente école privée où elles étaient très heureuses. Elles n'avaient aucune envie de déménager et, depuis quelques semaines, elles menaient la vie dure à Irène. Celle-ci les avait calmées en leur faisant miroiter l'aventure que représentait un déménagement dans un nouveau pays et en leur promettant qu'elle leur trouverait une nouvelle école formidable. Démoralisée, elle dit à Kipp qu'elle pensait qu'ils feraient mieux de laisser les filles terminer leur année scolaire à New York. Kipp partageait son point de vue et ainsi fut-il donc fait.

Entre les allers et retours de Kipp entre Toronto et New York et l'obligation pour Irène de s'occuper seule des enfants tout en travaillant, les relations au sein du couple ne tardèrent pas à se détériorer. Irène vint passer quelques week-ends à Toronto et continua à chercher une école pour les filles, mais il devint de plus en plus évident qu'elle n'avait pas envie de s'installer au Canada. Les week-ends étaient souvent stressants, les filles étant à la fois heureuses de retrouver leur père et malheureuses à l'idée de déménager. Kipp arrivait fatigué au bureau le lundi matin, incapable de se concentrer, ce qui aggrava encore ses difficultés relationnelles avec ses collègues et son équipe. Il savait que ses résultats professionnels en pâtissaient, ce qui ne faisait qu'accroître son stress.

Il finit pas décider de prendre les choses en main. Par l'intermédiaire de collègues, il trouva une bonne école pour ses filles et plusieurs pistes intéressantes pour des maisons. Mais lorsqu'il insista auprès d'Irène pour qu'elle accélère la vente de leur appartement, il provoqua la dispute la plus grave que le couple ait jamais connue. Lorsqu'il devint évident que leur mariage était en danger, Kipp démissionna et rentra à New York pour chercher du travail.

La vie du manager s'apparente toujours plus ou moins à un exercice d'équilibriste, mais jamais autant que lors d'une transition. Les mains liées par l'incertitude et l'ambiguïté, dépourvu de tout réseau de soutien, vous ne savez même pas ce que vous ne savez pas. Et si, comme Kipp, vous avez déménagé, votre vie personnelle est elle aussi en pleine transition. Et au milieu de tout ce chaos, on attend de vous que vous vous acclimatiez rapidement et commenciez à apporter un changement positif à votre nouvelle organisation. Garder les idées claires constitue dès lors un défi clé de la transition.

Concentrez-vous vos efforts là où il le faut ? Entretenez-vous votre énergie et gardez-vous du recul ? Votre famille et vous-même recevez-vous le soutien dont vous avez besoin ? Ron Heifetz l'a fort justement exprimé dans *Leadership Without Easy Answers :* « Le mythe du leadership est le mythe du guerrier solitaire : l'individu solitaire dont l'héroïsme et l'intelligence lui permettent de montrer la voie... [Mais] même s'il peut revenir pendant un temps au seul leader de porter les espoirs et les souffrances des autres, le leadership ne peut être exercé seul. Le modèle de leadership du guerrier solidaire n'est rien d'autre que celui du suicide héroïque[1]. » Conclusion : ne partez pas tout seul à l'aventure.

Faire le point

Prenez quelques minutes pour remplir le Tableau 9.1. Pour chaque affirmation, entourez la réponse qui correspond à votre état d'esprit actuel.

Ensuite, calculez votre score total. S'il est égal ou supérieur à 25, ou si vous avez entouré un 5 en réponse à une affirmation, vous êtes en danger. Si votre score est inférieur à 25, lisez tout de même ce chapitre. Les choses ne seront peut-être pas toujours aussi faciles. Et ce que vous y apprendrez vous aidera à conseiller ceux qui se débattent avec leur propre transition.

Tableau 9.1 : Faites le point

	Pas du tout d'accord	Pas d'accord	Indifférent	D'accord	Tout à fait d'accord
1. Je suis très occupé mais je ne trouve pas de temps pour les choses les plus importantes que je devrais faire	1	2	3	4	5
2. Je fais des choses que je ne devrais pas faire à la demande des autres (mon supérieur, mes subordonnés)	1	2	3	4	5
3. Je suis frustré de ne pas parvenir à obtenir que les choses soient faites comme je le voudrais	1	2	3	4	5
4. Je me sens isolé dans l'organisation	1	2	3	4	5
5. Ces temps derniers, mon jugement me joue des tours	1	2	3	4	5
6. J'évite de prendre des décisions difficiles sur des sujets clés (ressources humaines, par exemple)	1	2	3	4	5
7. J'ai moins d'énergie pour mon travail que d'habitude	1	2	3	4	5

Éviter les cercles vicieux

Les sept affirmations du tableau sont autant de pièges qui menacent les nouveaux managers. Chacun d'entre eux risque de vous entraîner dans un cercle vicieux, une dynamique pernicieuse à laquelle il vous sera difficile d'échapper. Il est donc essentiel de savoir que ces pièges existent et de les éviter. Soyez particulièrement attentif aux affirmations auxquelles vous avez répondu par un 4 ou un 5.

1. Disperser ses efforts

Vous ne pouvez espérer donner un cap aux autres si vous ne parvenez pas à canaliser vos propres actions. Travailler comme un fou, avoir un agenda surbooké n'est en aucun cas un gage de réussite. Pourquoi ? Parce qu'il y a un nombre infini de tâches que vous *pourriez* accomplir durant votre transition, mais que seules quelques-unes sont vitales. Convaincu que plus vous lancerez de bouteilles à la mer, plus vous aurez de chances d'en voir une arriver à bon port, vous dispersez vos efforts. Ou vous surestimez votre capacité à avoir plusieurs fers au feu. Tout nouveau manager doit certes être présent en même temps sur plusieurs fronts. Mais attention à ne pas atteindre le point de saturation mentale, où vous vous retrouvez tiré d'une tâche à l'autre trop vite pour avoir le temps de vous concentrer sur chacune. Tout problème en suspens représente une menace – qu'il vienne à exploser et vous n'aurez d'autre choix que d'y consacrer un temps précieux, que vous ne consacrerez donc pas à d'autres choses, et ainsi de suite. Ce qui vous guette, c'est un cercle vicieux d'incendies à éteindre dans l'urgence.

2. Des frontières non défendues

Si vous n'établissez pas des frontières solides définissant ce que vous êtes disposé à faire et ce que vous ne voulez pas faire, les personnes qui vous entourent (supérieurs, collègues et subordonnés directs) prendront tout ce que vous avez à donner. Plus vous donnerez, moins elles vous respecteront et plus elles vous demanderont – un autre cercle vicieux. Plein de colère et d'amertume, vous aurez le sentiment d'être pressé comme un citron et pourtant, vous serez seul responsable de ce qui vous arrive. Si vous n'êtes pas capable de vous fixer des limites, vous ne pouvez pas demander aux autres de le faire à votre place.

3. Enfermement

L'incertitude inhérente aux transitions nourrit l'inflexibilité et la méfiance, en particulier chez les nouveaux managers ayant un fort besoin de contrôle. Résultat le plus probable ? Le manager s'accroche de toutes ses forces à une ligne d'action vouée à l'échec. Vous prenez une décision de manière prématurée et, lorsque vous constatez votre erreur, vous vous dites qu'il n'est plus possible de revenir en arrière parce que cela vous ferait perdre toute crédibilité. Plus vous temporisez, plus il devient difficile de reconnaître que vous avez eu tort et plus les conséquences sont désastreuses. Ou vous vous persuadez qu'il n'y a qu'une façon d'atteindre tel ou tel objectif, la vôtre, privant du même coup ceux qui ont d'autres idées aussi valables de toute possibilité d'action.

4. Isolement

Pour être efficace, vous devez être connecté aux personnes qui ont les moyens de faire bouger les choses et aux flux d'information souterrains. L'isolement est un processus sournois et pernicieux qui guette tout nouveau manager. Il s'installe lorsque vous négligez de nouer les bons contacts, en vous reposant par exemple de manière excessive sur quelques personnes ou sur des informations « officielles ». Il se refermera également sur vous si vous découragez involontairement des personnes de partager avec vous des informations critiques – par crainte de votre réaction à de mauvaises nouvelles ou parce qu'elles pensent que vous n'êtes pas dans leur camp, par exemple. Dans tous les cas, l'isolement fait le lit d'une prise de décision défaillante, qui entame votre crédibilité et renforce encore votre isolement.

5. Jugement biaisé

Imparfait, le processus humain de prise de décision se traduit par des erreurs de jugement qui peuvent prendre diverses formes[2]. L'entêtement à persévérer dans une voie vouée à l'échec pour protéger son ego et sa crédibilité en est une. Il faut également citer le biais de confirmation, la tendance à ne retenir que les informations qui confirment vos croyances et à filtrer les autres ; le biais de renforcement, la tendance à évaluer une situation à l'aune de votre intérêt personnel ; et l'excès de confiance optimiste, ou la sous-estimation des difficultés associées à la ligne d'action qui a votre préférence. La vulnérabilité à ces biais est permanente, mais vous y êtes d'autant plus exposé lorsque les enjeux sont importants, l'incertitude et l'ambiguïté élevées et les émotions très présentes.

6. La « dérobade »

Dès le début, vous devrez prendre des décisions difficiles : choisir une stratégie pour l'organisation alors que vous disposez d'informations incomplètes, ou prendre des décisions concernant les effectifs qui auront un impact profond sur la vie des gens. Il peut arriver que vous choisissiez, consciemment ou inconsciemment, de repousser ce type de décision, vous plongeant dans d'autres tâches ou vous persuadant que le moment n'est pas encore venu. Ron Heifetz utilise le mot « dérobade » pour qualifier cette tendance à éviter de prendre le taureau par les cornes, qui n'aboutit qu'à rendre des problèmes difficiles encore plus difficiles[3].

7. Dépasser les bornes

Tous ces pièges peuvent générer des niveaux dangereux de stress. Tout stress, cependant, n'est pas mauvais. C'est notamment ce qu'indique la courbe de Yerkes-Dodson (voir Figure 9.1) qui établit un lien entre stress et résultats[4].

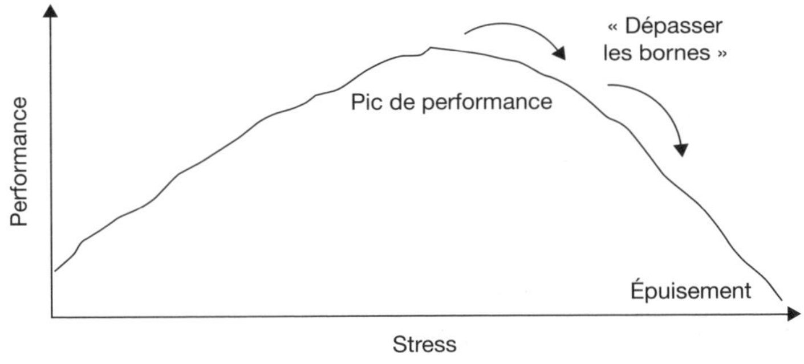

Figure 9.1 : La courbe de la performance humaine de Yerkes-Dodson

Que vous le génériez vous-même ou que ce soit l'environnement qui vous l'impose, vous avez besoin d'une certaine dose de stress (sous forme de motivations positives ou de conséquences de l'inaction notamment) pour être productif. Sans cette tension, il ne se passe pas grand-chose – vous restez allongé dans votre lit à grignoter du chocolat. Lorsque vous commencez à être soumis à une pression, vos performances augmentent, au moins au début. Vous finissez par atteindre un point (qui varie selon les individus) au-delà duquel des exigences supplémentaires – trop de choses à gérer en même temps ou une charge émotionnelle trop importante, par exemple – diminuent vos performances. Une fois dépassées les bornes de votre niveau optimal de stress, cette dynamique crée à son tour du stress, diminuant encore vos performances et créant un cercle vicieux. Dans certains cas rares, c'est le surmenage qui s'installe et le nouveau manager sombre dans l'épuisement. Mais ce que l'on observe généralement, c'est une incapacité chronique du manager à donner son plein potentiel. Vous travaillez davantage et vous accomplissez moins. C'est ce qui est arrivé à Kipp Erikson.

Les trois piliers de l'autoefficacité

Comment éviter ces pièges ? Comment créer un cercle vertueux qui alimente une dynamique positive et non un cercle vicieux qui vous mine ? Nous appelons l'équilibre que vous devez cherchez à atteindre l'« auto-efficacité », ou efficacité personnelle, un état qui repose sur trois piliers. Le premier est l'adoption des stratégies gagnantes présentées dans les huit chapitres précédents. Le deuxième est le respect d'une discipline personnelle. Le troisième réside dans des systèmes de soutien, au sein de l'entreprise et de la sphère familiale, qui vous aident à conserver votre équilibre.

Premier pilier : adopter des stratégies gagnantes

Les stratégies exposées tout au long de ce livre composent un modèle dont l'objectif est de vous aider à gérer les défis clés de la transition : apprendre, définir des priorités, développer des plans d'actions et impulser une dynamique à l'organisation. Lorsque vous constaterez que ces stratégies fonctionnent et que vous aurez quelques victoires précoces à votre actif, vous vous sentirez plus confiant et plus motivé par ce que vous êtes en train d'accomplir. À mesure que vous avancerez dans votre transition, envisagez les défis que vous avez à affronter à la lumière des défis clés résumés dans le Tableau 9.2 et reportez-vous aux chapitres correspondants.

Tableau 9.2 : Évaluation des défis clés

Défi	Questions de diagnostic
Franchir le cap de votre nouveau rôle	Adoptez-vous le bon état d'esprit pour aborder votre nouveau poste et vous détachez-vous du passé ?
Accélérer votre apprentissage	Êtes-vous en train de repérer ce que vous avez besoin d'apprendre, auprès de qui, et comment accélérer le processus d'apprentissage ?
Adapter la stratégie à la situation	Êtes-vous en train de diagnostiquer le type de transition auquel vous êtes confronté et ses implications quant à ce qu'il faut et ne faut pas faire ?
Remporter des victoires précoces	Vous consacrez-vous aux priorités vitales qui font progresser vos objectifs à long terme et créent une dynamique à court terme ?
Négocier la réussite	Construisez-vous votre relation avec votre nouveau supérieur, tout en gérant les attentes et en rassemblant les ressources dont vous avez besoin ?
Aligner	Identifiez-vous et prenez-vous les mesures nécessaires pour pallier les défauts d'alignement de la stratégie, de la structure, des systèmes et des compétences ?
Bâtir votre équipe	Êtes-vous en train de conduire l'évaluation, la restructuration et l'alignement de votre équipe pour vous donner les moyens d'accomplir ce que vous essayez d'accomplir ?
Créer des coalitions	Êtes-vous en train de construire une base de soutien interne et externe pour vos initiatives ?

Deuxième pilier: vous imposer une discipline personnelle

Savoir ce que l'on devrait faire est une chose, le faire en est une autre. En dernier recours, la réussite ou l'échec découlent de l'accumulation de choix quotidiens qui vous propulsent dans la bonne direction ou vous font basculer dans le précipice. C'est là le territoire du deuxième pilier de l'efficacité personnelle : la discipline personnelle.

Nous désignons par là des routines régulières que vous vous imposez sans relâche. Quelles disciplines devez-vous développer en priorité ? Cela dépend de vos forces et de vos faiblesses. Vous portez peut-être un regard très clairvoyant sur vous-même mais ne vous privez pas pour autant du point de vue de personnes qui vous connaissent bien et en qui vous avez confiance. (Une évaluation 360° pourra être utile.) Selon elles, quels sont vos points forts et, plus important encore, vos points faibles potentiels ?

La liste de règles de vie que nous vous proposons vous aidera à engager une réflexion sur les routines que vous avez besoin de développer.

Prévoyez de planifier

Faites-vous régulièrement le point sur vos objectifs, les actions engagées, les actions à conduire ? Si ce n'est pas encore dans vos habitudes, il va vous falloir vous plier à une discipline de planification rigoureuse. À la fin de chaque journée, consacrez dix minutes à faire le point sur les objectifs que vous vous étiez fixés la veille et à planifier pour le lendemain. Procédez de la même manière à la fin de chaque semaine. Prenez l'habitude de ce petit exercice. Même si vous n'êtes pas parfaitement à jour, vous contrôlerez mieux les choses.

Sachez dire « non »

Vous arrive-t-il de prendre des engagements dans la chaleur de l'instant et de le regretter ensuite ? Acceptez-vous à la légère de faire des choses dans un avenir apparemment lointain pour mieux vous le reprocher lorsque le moment arrive et que votre programme est surchargé ? Si oui, vous devez apprendre à attendre avant de dire « oui ». Chaque fois que quelqu'un vous demande de faire quelque chose, répondez-lui : « Cela a l'air intéressant. Je vais y réfléchir et je te rappelle. » Ne dites jamais « oui » sur-le-champ. Si la personne se montre très pressante, dites-lui : « Écoute, s'il te faut une réponse tout de suite, c'est non. Mais si tu peux attendre, je vais y réfléchir. » Commencez par refuser : vous pourrez toujours accepter plus tard. Alors que l'inverse est beaucoup plus difficile (et préjudiciable à votre réputation). Votre entourage ne se privera pas de vous solliciter pour des projets futurs. Demandez-vous alors, pour reprendre les termes si justes de mon ami Robert Robinson, si votre « vous futur » détestera votre « vous présent » pour avoir accepté. Si la réponse est oui, dites non.

Réservez du temps pour ce qui compte

Consacrez-vous chaque jour du temps à ce qui compte réellement ? Dans le flux des tâches quotidiennes – coups de téléphone, e-mails, réunions... – il est facile de négliger le moyen terme – sans parler du long terme. Si vous avez du mal à avancer sur les projets importants, ménagez-vous une plage de réflexion quotidienne. Pendant ne serait-ce qu'une demi-heure, fermez votre porte, ne répondez pas au téléphone, ne consultez pas vos e-mails et réfléchissez, réfléchissez, réfléchissez !

Prenez du recul

Avez-vous du mal à ne pas céder à la pression émotionnelle des situations difficiles ? Si oui, obligez-vous à dédramatiser, à prendre du recul avant de rejoindre la mêlée. Vos interventions n'en seront que plus productives. Les vertus de ce « petit tour dans le jardin » sont reconnues de longue date par les spécialistes de la négociation et du leadership[5]. Ce ne sera pas toujours facile, surtout si les enjeux sont importants et que vous êtes émotionnellement impliqué. Mais avec de la discipline et de l'entraînement, c'est une compétence qui peut être cultivée.

Concentrez-vous sur les processus

Vous avez de bonnes idées mais du mal à les mettre en œuvre ? La façon dont vous prenez des décisions provoque-t-elle des dissensions et des désagréments inutiles ? Si oui, faites-vous une règle de vous concentrer sur la conception du processus d'influence avant de vous lancer. Demandez-vous comment les autres risquent de réagir à vos idées. Comment pourriez-vous gérer le processus de consultation et de prise de décision pour accroître votre efficacité ? Souvenez-vous : les gens accepteront souvent des choses qui ne les satisfont pas totalement s'ils ont l'impression que le processus est équitable[6].

Regardez en vous

Êtes-vous aussi conscient que vous le devriez de vos réactions aux événements durant votre transition ? Si tel n'est pas le cas, obligez-vous à réfléchir régulièrement à votre situation. Pour certains nouveaux managers, une introspection structurée prendra la forme de quelques pensées, impressions et interrogations jetées sur une feuille de papier à la fin de la journée. D'autres préfèreront se réserver du temps une fois par semaine pour faire le point. Trouvez une approche qui vous convienne et obligez-vous à la pratiquer régulièrement. Puis, faites ce qu'il faut pour traduire vos réflexions en actions. Nous vous proposons en encadré une grille d'analyse pour vous guider dans votre introspection.

Introspection : un cadre d'analyse

Votre démarche sera d'autant plus productive que vous vous y livrerez régulièrement, tout en étant attentif à l'évolution de vos réponses au fil du temps. Prévoyez par exemple de consacrer à la fin de chaque semaine un quart d'heure à répondre à la même liste de questions. Conservez vos réponses afin de pouvoir vous y reporter par la suite et analyser leur évolution.

Quelles sont vos impressions jusqu'ici ?

- Vous sentez-vous :
- Enthousiaste ? Si non, pourquoi ? Que pouvez-vous faire pour y remédier ?
- Confiant ? Si non, pourquoi ? Que pouvez-vous faire pour y remédier ?
- Maître de votre réussite ? Si non, pourquoi ? Que pouvez-vous faire pour y remédier ?

Qu'est-ce qui vous a gêné jusqu'ici ?

- Avec qui n'avez-vous pas pu nouer la relation que vous vouliez ? Pourquoi ?
- De toutes les réunions auxquelles vous avez participé, laquelle vous a le plus inquiété ? Pourquoi ?
- De tout ce que vous avez vu et entendu, qu'est-ce qui vous a le plus dérangé ? Pourquoi ?

Qu'est-ce qui s'est bien ou mal passé ?

- Quelles interactions auriez-vous gérées différemment si vous aviez pu ? Lesquelles ont dépassé vos attentes ? Pourquoi ?
- Quelles décisions se sont révélées particulièrement productives ? Discutables ? Pourquoi ?
- Quelles opportunités manquées regrettez-vous le plus ? Si vous n'avez pu obtenir un meilleur résultat, est-ce à cause de vous ou à cause d'éléments échappant à votre contrôle ?

À présent, concentrez-vous sur les défis ou les difficultés les plus importants que vous rencontrez. Soyez honnête avec vous-même. Vos difficultés tiennent-elles à la situation ou en êtes-vous responsable ? Même des managers talentueux et expérimentés ne font pas toujours la part des choses et accusent la situation d'être source de tous leurs maux – perdant ainsi en proactivité.

Levez le pied de temps en temps

Les transitions sont des marathons, pas des sprints. Si vous vous rendez compte que vous « dépassez les bornes » de votre courbe de stress un peu trop souvent, il va falloir que vous vous obligiez à lever le pied de temps en temps. Plus facile à dire qu'à faire, naturellement, surtout lorsqu'une échéance approche et qu'une petite heure de travail de plus peut faire toute la différence. Dans le court terme peut-être, mais le coût à long terme risque d'être élevé, très élevé. Apprenez donc à être à l'écoute de vous-même pour repérer les moments où vous êtes sur le point de franchir la ligne rouge... et pour faire cette pause indispensable qui vous permettra de recharger vos batteries.

Troisième pilier : bâtir vos systèmes de soutien

Le troisième pilier de l'autoefficacité est la consolidation de vos systèmes de soutien personnels. Il va s'agir de marquer votre contrôle sur votre nouvel environnement, de stabiliser le front familial et de bâtir un solide réseau de soutien.

Affirmez votre contrôle sur votre nouvel environnement

Ne négligez pas l'intendance ! Vous vous concentrerez mieux sur votre mission si les bonnes conditions de travail sont réunies. Même si vous avez des soucis plus pressants, faites ce qu'il faut pour que votre nouveau bureau soit rapidement installé, développez des routines, mettez les choses au point avec votre assistante, et ainsi de suite. Si nécessaire, réunissez un ensemble de ressources temporaires – fichiers, références, technologies de l'information et personnel – pour vous dépanner en attendant que les systèmes définitifs soient opérationnels.

Stabilisez le front familial

C'est une règle fondamentale de l'art de la guerre que d'éviter de livrer bataille sur trop de fronts simultanément. À l'heure où vous prenez de nouvelles fonctions, il est donc particulièrement important de veiller à « stabiliser le front familial » pour pouvoir consacrer toute votre attention à votre mission. Si votre vie personnelle est sens dessus dessous ou si vous ne réglez pas les difficultés en suspens, votre travail en sera directement affecté. Kipp Erikson l'a compris trop tard.

Si votre nouveau poste exige que vous déménagiez, votre famille vit elle aussi une transition : vos enfants vont peut-être devoir changer d'école et quitter leurs amis, et votre femme trouver un nouvel emploi. En d'autres termes, il y a de fortes chances que le tissu familial soit perturbé au moment même où vous avez le plus besoin de soutien et de stabilité. Les pressions de votre transition professionnelle ne seront pas non plus sans incidences, alourdissant la charge émotionnelle qui pèse sur vos épaules. Moins efficace, vous mettrez plus de temps à atteindre le seuil de rentabilité.

Attelez-vous donc à accélérer également la transition familiale. Pour commencer, il est fondamental que vous acceptiez l'idée que votre famille est peut-être malheureuse, voire en colère, de ce changement. Le dialogue et l'écoute vous aideront, vous et votre entourage, à surmonter ensemble ce douloureux bouleversement.

Au-delà, voici quelques conseils qui vous aideront à rendre plus douce la transition de votre famille :

Analysez le système de soutien existant de votre famille

En déménageant, vous rompez tout un réseau de relations et de prestataires de services essentiels : médecins, avocats, dentistes, baby-sitters, tuteurs, coaches, et bien d'autres. Dressez-en la liste et trouvez-leur rapidement des remplaçants.

Remettez votre conjoint sur les rails

Votre conjoint va peut-être quitter son emploi avec l'intention d'en trouver un autre là où vous vous installez. Si cette recherche ne débouche pas rapidement sur quelque chose de concret, son moral en souffrira. Pour accélérer le processus, négociez dès le début avec votre entreprise une aide à la recherche d'emploi pour votre conjoint ou trouvez l'accompagnement nécessaire le plus rapidement possible après votre installation. Dans tous les cas, ne laissez pas votre conjoint s'installer dans l'inactivité et repousser ces démarches.

Planifiez avec soin le déménagement de votre famille

Pour les enfants, il est généralement plus difficile de déménager en cours d'année. Si cela vous est possible, attendez donc la fin de l'année scolaire pour faire venir votre famille. Cela implique de vivre séparé de ceux que vous aimez pendant quelque temps et de supporter le stress des allers et retours. Si vous choisissiez cette option, veillez également à ce que votre conjoint dispose de tout le soutien nécessaire. Assumer seul une famille, même pendant un laps de temps réduit, n'est pas une tâche facile.

Préservez le cadre familial

Rétablissez le plus rapidement possible les rituels familiaux et préservez-les tout au long de la transition. N'oubliez pas que l'aide de ces alliés de choix que sont les grands-parents sera souvent irremplaçable.

Investissez dans l'apprentissage culturel

Si vous vous installez à l'étranger, attachez-vous les services d'un professionnel pour vous aider à gérer les aspects culturels de la transition. Le risque d'isolement est bien plus élevé pour votre famille s'il y a des barrières linguistiques et culturelles.

Le cas échéant, utilisez le plus rapidement possible le service d'aide au déménagement de votre entreprise

Dans la plupart des cas, ce type de service se limite à la recherche d'un nouveau logement, l'aide au déménagement et la recherche d'écoles, mais cela vous fera gagner un temps précieux.

Un déménagement sera toujours douloureux, mais vous pouvez faire beaucoup pour l'adoucir et accélérer la transition de chacun.

Bâtissez votre réseau de conseillers

Aucun manager, aussi capable et énergique soit-il, ne peut tout faire tout seul. Vous avez besoin d'un réseau de conseillers de confiance au sein de l'entreprise et à l'extérieur de celle-ci, avec qui vous pourrez discuter librement de ce que vous êtes en train de vivre. Votre réseau est une ressource indispensable qui vous protégera de l'isolement et vous aidera à garder du recul. Un bon réseau se compose d'au moins trois types de prestataires de conseils : les conseillers techniques, les interprètes culturels et les conseillers politiques (voir le Tableau 9.3).

Tableau 9.3 : Typologie de vos prestataires de conseils

Type	Rôle	Apports
Conseillers techniques	Fournir des analyses pointues des marchés, des technologies et de la stratégie	Suggèrent des applications pour de nouvelles technologies. Recommandent des stratégies pour pénétrer de nouveaux marchés. Fournissent des informations opportunes et actualisées.
Interprètes culturels	Vous aider à comprendre la nouvelle culture et (si tel est votre objectif) à vous y adapter.	Vous éclairent sur les normes culturelles, les modèles mentaux et les hypothèses sous-jacentes. Vous aident à apprendre à parler le langage de la nouvelle organisation.
Conseillers politiques	Vous aider à comprendre et gérer les relations politiques au sein de votre nouvelle organisation.	Vous aident à mettre en œuvre les recommandations de vos conseillers techniques. Vous servent de caisse de résonance lorsque vous envisagez les différentes options pour mettre en œuvre votre projet. Vous stimulent par leurs questions.

Vous devez également définir avec soin le panachage de conseillers extérieurs et de conseillers internes que vous souhaitez entretenir. Ceux de l'intérieur connaissent l'organisation, sa culture et ses dynamiques politiques. Recherchez des personnes qui possèdent d'importants réseaux de relations et à qui vous savez que vous pouvez faire confiance pour vous aider à comprendre les nouvelles règles du jeu.

Ressource inestimable, les conseillers internes ont aussi leurs limites. Ils ne peuvent, par exemple, vous donner une vision dépassionnée ou désintéressée des choses. Dès lors, vous devez adjoindre à votre réseau interne un réseau externe composé de conseillers extérieurs qui vous aideront à venir à bout des enjeux et des décisions auxquels vous êtes confronté. Recherchez en particulier chez eux la capacité d'écoute, une bonne connaissance du fonctionnement des organisations et la loyauté à vos intérêts.

Utilisez le Tableau 9.4 pour évaluer votre réseau de conseillers relativement à leurs domaines d'intervention et à leur appartenance ou non à l'organisation.

Tableau 9.4 : Évaluation de votre réseau de conseillers

	Conseillers techniques	**Interprètes culturels**	**Conseillers politiques**
Conseillers internes			
Conseillers extérieurs			

À présent, prenez du recul. Votre réseau existant vous apportera-t-il le soutien dont vous avez besoin dans votre nouvelle situation ? Ne partez surtout pas du principe que ceux qui vous ont aidé hier pourront continuer à le faire dans votre nouvelle situation. Vous allez être confronté à des problèmes différents et vos anciens conseillers ne seront pas nécessairement à même d'y répondre. Lorsque vous accédez à des responsabilités plus élevées, par exemple, le besoin de bons conseils politiques croît considérablement.

Sachez également anticiper et regardez loin devant. Parce que développer un réseau performant exige du temps, il n'est pas trop tôt pour réfléchir au type de réseau dont vous aurez besoin dans votre *prochain* poste. En quoi vos besoins de conseils changeront-ils ?

Un réseau efficace est un réseau qui vous apporte l'aide dont vous avez besoin, quand vous en avez besoin. Votre réseau de soutien possède-t-il les qualités suivantes :

- Le bon dosage de conseillers techniques, interprètes culturels et conseillers politiques ?
- Le bon dosage de conseillers internes et de conseillers extérieurs ? De l'interne, vous attendez un feed-back honnête, et des observateurs extérieurs un point de vue dépassionné.
- Des soutiens extérieurs qui vous sont loyaux à vous personnellement et non à votre nouvelle organisation ou à votre nouvelle unité ? Il s'agira le plus souvent de collègues et d'amis de longue date.
- Des conseillers internes dignes de confiance, dont les intérêts personnels ne sont pas en conflit avec les vôtres et qui vous apportent des conseils honnêtes et éclairés ?
- Des représentants des parties prenantes clés de l'organisation qui vous aideront à comprendre leur point de vue et leur façon de voir les choses ?

Garder le cap

Sachez-le : vous devrez lutter pied à pied chaque jour pour conserver votre équilibre. En dernier recours, votre réussite ou votre échec découleront de tous ces petits choix que vous aurez faits, un jour après l'autre. Ils peuvent enclencher une dynamique positive – pour l'organisation et pour vous – ou vous faire souffrir mille tourments. Vos actions quotidiennes durant votre transition donnent le *la* de tout ce qui suivra, pour l'organisation mais aussi pour vous, votre efficacité, et, au-delà, votre bien-être.

POUR ACCÉLERER LA TRANSITION

1. Quelles sont vos plus grandes vulnérabilités par rapport à votre nouveau poste ? Comment envisagez-vous d'y remédier ?
2. Quelles disciplines personnelles avez-vous le plus besoin de développer ou de renforcer ? Comment allez-vous y parvenir ? Comment mesurerez-vous vos progrès ?
3. Que pouvez-vous faire pour mieux maîtriser votre nouvel environnement ?
4. Que pouvez-vous faire pour faciliter la transition de votre famille ? Quelles relations de soutien devrez-vous construire ? Quelles sont vos priorités ?
5. Quelles sont vos priorités pour consolider votre réseau de conseillers ? Quelle importance convient-il d'accorder à votre réseau interne ? À votre réseau externe ? Dans quels domaines avez-vous le plus besoin d'un soutien supplémentaire : technique, politique ou culturel ?

Chapitre 10

TOUS ENSEMBLE, PLUS VITE

Grâce aux stratégies exposées dans les chapitres précédents, vous recueillerez les fruits d'une transition réussie. Pour autant, les choses ne s'arrêtent pas là. Avez-vous pensé à vos subordonnés directs et à leurs subordonnés directs ? La réussite de leur transition à eux ne dépend-elle pas aussi de vous ?

Lorsque j'ai entamé mes recherches en vue d'écrire ce livre, une de mes ambitions était de percer un mystère. Pourquoi donc les entreprises sont-elles si peu nombreuses à se préoccuper d'accélérer les transitions de leurs managers ? En d'autres termes, pourquoi une entreprise n'essaierait-elle pas de capturer les bénéfices potentiels de l'accélération de la transition de tous ceux de ses collaborateurs qui ont à en vivre ? Dans une entreprise moyenne, environ un quart des managers change chaque année de poste, et la transition d'un individu en affecte beaucoup d'autres. Étant donné l'ampleur du phénomène, on ne peut que s'étonner que cette étape pourtant cruciale dans la carrière d'un collaborateur ne fasse pas l'objet de davantage d'attention. Quelques rares entreprises (General Electric, par exemple) offrent à leurs managers un programme spécifique d'accélération de la transition. Plus répandus sont les programmes dits « d'intégration », dont l'objectif est de familiariser les nouveaux venus avec la stratégie, les activités et la culture de l'entreprise qu'ils rejoignent. Utiles, ces programmes n'abordent pourtant que rarement le processus de transition en tant que tel, et moins encore dans une perspective systématique. Dans leur très grande majorité, les entreprises ne proposent aucun accompagnement à leurs nouveaux managers.

Pourquoi ? Une partie de la réponse tient à l'évolution des pratiques de développement du leadership. L'aplatissement des hiérarchies et l'accélération du rythme d'activité ont réduit à une peau de chagrin le temps que les cadres peuvent consacrer au développement et à l'accompagnement de leurs subordonnés directs, y compris dans des périodes de transition critiques. Ce sont désormais de plus en plus souvent des unités spécialisées dans la formation et le développement qui assument ce rôle. Il en est résulté des progrès importants dans le développement des compétences « dures ». Mais au prix d'un appauvrissement vertigineux de la transmission de sagesse managériale par des leaders expérimentés à leurs homologues débutants. Le transfert de compétences « molles », telle la gestion de la prise de fonctions, ne s'opère plus.

La culture managériale du « ça passe ou ça casse » constitue une deuxième barrière. Beaucoup d'entreprises abordent la transition comme un moyen de séparer le bon grain de l'ivraie – approche que j'appelle le « développement darwinien du leadership ». On lâche les managers prometteurs dans le grand bain en vue de tester leurs capacités d'adaptation à une promotion. Ceux qui nagent sont rangés dans la catégorie des individus à haut potentiel et ceux qui coulent... coulent. Dans certaines entreprises, ce processus est à la limite du bizutage : « Tu souffriras comme nous. » Un jour, un dirigeant m'a dit, le plus sérieusement du monde : « Vous n'allez quand même pas leur rendre les choses [la transition] trop faciles ? » Comme si cela était possible. Dans les organisations les plus malsaines, les factions rivales vont même jusqu'à pousser les nouveaux arrivants peu avertis dans des postes où ils échoueront, ce qui les élimine de la course à des responsabilités plus élevées.

Cela étant, il ne fait aucun doute que la prise de fonctions soit un élément clé de toute approche du développement du leadership qui se veut un tant soit peu exhaustive. Souvenons-nous que dans le sondage McKinsey & Company « War of talent » de 1998, les expériences considérées comme les plus formatrices impliquaient toutes des transitions. Les trois plus citées étaient : prendre un nouveau poste avec des responsabilités importantes, redresser une entreprise et créer une entreprise[1]. Mais développer des leaders est bien autre chose que les envoyer au « casse-pipe ». Un défaut fondamental de l'approche darwinienne du leadership est qu'elle ne prend pas en compte le fait qu'il existe de nombreux types de transitions et que, par conséquent, les enseignements que de jeunes managers tirent de leurs premières expériences ne les arment pas nécessairement pour faire face à la promotion suivante ou à un autre contexte. Le résultat ? Des individus à haut potentiel commettent des erreurs au début de leur transition et sombrent corps et biens. D'autres nagent, mais seulement parce que le courant leur est favorable ou que le bon maître-nageur veille sur eux.

À long terme, cette approche darwinienne non régulée du leadership ne sert pas les entreprises. Sans garde-fous, la machine s'emballe. Les meilleures entreprises sont indéniablement des méritocraties. Leurs managers sont en concurrence pour accéder au sommet et revitalisent en permanence l'entreprise. Mais dans les véritables méritocraties, tout le monde a les mêmes chances. Les gens réussissent parce qu'ils ont ce qu'il faut pour réussir, pas parce qu'ils sont placés dans des situations qui se trouvent correspondre à leurs compétences.

Le dixième et dernier défi, par conséquent, est d'activer tout le monde, en institutionnalisant le modèle d'accélération de la transition présenté dans ce livre. Si *tous* les managers qui prennent de nouvelles fonctions dans votre organisation utilisent ces stratégies gagnantes, vous ferez échec à l'échec, mais surtout, vous récolterez les innombrables bénéfices de cet accompagnement systématique. Plus vite chacun prendra ses marques, plus vite l'organisation pourra commencer à prendre les bonnes décisions pour gagner des parts de marché, réduire ses coûts et lancer davantage de nouveaux produits.

Songez-y. Qu'est-ce que cela impliquerait en termes de résultats financiers si vous pouviez conduire tous les membres de votre organisation – vos subordonnés directs, leurs subordonnés directs, et ainsi de suite – au seuil de rentabilité seulement 5 % plus vite ?

Créer un langage commun

Supposons que vous souhaitiez déployer le modèle d'accélération de la transition dans votre organisation. Quelle est la meilleure voie ? La première étape est d'introduire un nouveau vocabulaire pour parler des transitions. Si votre entreprise ne devait faire qu'une seule chose pour institutionnaliser le processus, ce serait celle-là. Imaginez que, chaque fois qu'un collaborateur prend de nouvelles fonctions de leadership, il puisse s'entretenir avec ses supérieurs, ses pairs et ses subordonnés directs des éléments suivants :

- le type de transition qu'il doit gérer, en se référant au modèle $ST_A RS$ – start-up, redressement, redéfinition ou pérennisation –, et les défis et opportunités associés ;
- son projet d'apprentissage technique, culturel et politique et les éléments clés de son plan d'apprentissage ;
- l'avancement de la démarche des « cinq conversations » avec son supérieur, sur la situation, le style, les ressources et le développement personnel ;
- ses priorités de résultats, ses objectifs en matière de changement des comportements et ses idées quant aux gisements de victoires précoces potentielles ;
- ses priorités pour consolider son réseau de conseillers.

Quand on parle le même langage, les discussions sont naturellement plus productives. Et, plus important peut-être, des débats et des conversations ont lieu qui ne se seraient pas produits autrement. Les individus se sentent aussi plus libres de s'exprimer, partagent plus facilement des confidences et des informations, et font preuve de davantage de tolérance vis-à-vis des difficultés que les autres rencontrent dans leur transition. L'organisation dépasse le « ça passe ou ça casse ».

Quiconque a un jour essayé de faire adopter de nouvelles idées à une organisation vous dira que c'est une lutte toujours renouvelée. Commencez donc par agir localement. Concentrez-vous sur les personnes qui travaillent pour vous, nouveaux subordonnés directs aussi bien que collaborateurs plus anciens.

Lors des prochains recrutements que vous conduirez, efforcez-vous d'amener plus rapidement vos nouveaux collaborateurs à leur seuil de rentabilité. Encouragez-les à créer leur propre plan d'accélération des 90 jours. Commencez par leur présenter la méthode des « cinq conversations » pour bâtir une relation avec leur nouveau supérieur – vous. Ensuite, demandez-leur d'établir leur diagnostic de la situation et de vous en parler, engageant ainsi la conversation sur la situation. Profitez-en pour aborder également le sujet des attentes. Travaillez ensuite avec eux pour créer un projet et un plan d'apprentissage. Aidez-les à identifier les personnes dont le soutien leur sera nécessaire et à entrer en contact avec elles. Faites-les réfléchir à leur priorités de résultats et à leurs plans pour obtenir des victoires rapides. Une fois cette dynamique instaurée, incitez-les à utiliser à leur tour le modèle d'accélération de la transition avec leurs propres collaborateurs.

Dans le même temps, choisissez un subordonné direct ouvert d'esprit, qui connaît bien l'entreprise. Efforcez-vous de l'aider à mettre lui aussi son équipe en mouvement. Confiez-lui le rôle de professeur, ce qui est souvent le meilleur moyen d'apprendre. Voyez jusqu'à quel échelon vous pouvez décliner la démarche.

Travailler avec une équipe

Si vous constituez une équipe, envisagez d'utiliser ce modèle pour accélérer le processus de *team-building*. Une des vertus du modèle d'accélération de la transition est qu'il apporte à l'équipe un langage commun pour parler des défis qui l'attendent. Ce peut être un outil particulièrement puissant si votre équipe associe des collaborateurs en place depuis un certain temps et des collaborateurs qui prennent de nouvelles fonctions. En introduisant un nouveau modèle et un nouveau langage, vous mettez tout le monde sur un pied d'égalité.

Commencez par présenter les grandes lignes du modèle d'accélération de la transition aux membres de votre équipe. Ensuite, demandez-leur de conduire un diagnostic collectif du contexte en utilisant le modèle ST_ARS, et en particulier d'identifier les défis et les opportunités clés. Puis, passez aux questions d'alignement – stratégie, structure, systèmes et compétences. Il sera alors temps de les amener à définir les priorités de résultats de l'équipe et à identifier les victoires rapides possibles. Enfin, explorez les types de coalitions que l'équipe et vous devrez construire pour rassembler les appuis dont vous aurez besoin.

Recruter en externe

Les organisations saines ouvrent leurs portes à des collaborateurs venus d'ailleurs, dans l'idéal des cadres moyens, pour se renouveler. Mais rares sont les entreprises qui aident efficacement ces nouveaux venus à prendre leurs marques dans la nouvelle organisation. Des individus prometteurs commettent ainsi des erreurs qui auraient pu être évitées, souvent dans les sphères de la culture organisationnelle et de la diplomatie interne.

Comment éviter ces erreurs ? Demandez à ces collaborateurs de créer leur plan des 90 premiers jours. Commencez par utiliser le modèle $ST_{A}RS$ pour identifier les postes qui se prêtent à des recrutements externes. Ne condamnez pas vos nouvelles recrues à l'échec, en les propulsant par exemple dans une redéfinition sans conseils ni accompagnement. Enseignez-leur le vocabulaire d'accélération de la transition qu'utilisent les collaborateurs « maison » pour qu'ils puissent discuter facilement de ce qui, par exemple, est considéré comme une « victoire » dans votre organisation. Concevez un abécédaire de la culture de l'entreprise, pourquoi pas sous la forme d'une vidéo dans laquelle des managers ayant réussi leur intégration s'expriment sur les rituels de l'entreprise, les approches qui fonctionnent et celles qui ne fonctionnent pas.

Développer des managers à haut potentiel

Un programme de formation au leadership basé sur le modèle d'accélération de la transition pourra être l'élément central d'une stratégie plus ambitieuse pour développer des managers à haut potentiel. Réunis pendant plusieurs jours, des managers à haut potentiel prenant de nouvelles fonctions y découvriraient le modèle d'accélération de la transition, travailleraient sur des jeux de rôle et des études de cas et jetteraient les bases de leur plan des 90 premiers jours. Ces programmes intensifs sont en outre souvent propices à la constitution de réseaux de relations durables.

Renforcer les plans de succession

Il n'y a pas de système de planification des successions efficace sans une évaluation rigoureuse du potentiel de leadership et sans l'élaboration raisonnée d'un parcours de développement pour les individus à haut potentiel. Les bons systèmes favorisent l'expertise transfonctionnelle et contribuent à former les futurs dirigeants de l'entreprise. Dans les groupes internationaux, ils permettent aux jeunes managers d'acquérir une expérience internationale dès le début de leur carrière. Enfin, de plus en plus souvent, ils intègrent les passages de carrière clés dans l'équation de développement du futur leader.

Reste que la plupart des systèmes existants échouent à remplir ces missions, en termes tant de développement que d'évaluation, parce qu'ils manquent d'un cadre pour définir précisément le contenu de la formation. Il devient alors extrêmement problématique de comparer des individus à haut potentiel placés dans des contextes différents. Les personnes chargées de développer les plans de succession ne disposent pas non plus d'un outil leur permettant de décrire – et donc de gérer – la séquence des postes à travers lesquels progressent les managers à haut potentiel.

La préparation de la relève de la garde peut être considérablement améliorée en s'intéressant non plus seulement aux individus mais également aux transitions – démarrage, redressement, redéfinition et pérennisation – qu'ils ont connues. Le modèle $ST_A RS$ fournit une base pour évaluer les performances dans des types de situations très différents. Plus important encore peut-être, il apporte les éléments de base pour cartographier la progression des managers à haut potentiel à travers une séquence des postes qui renforcent leur capacité à gérer un large éventail de situations.

Prenons l'exemple de votre propre carrière. Accordez-vous quelques minutes pour remplir la grille de développement. Comme le montre le Tableau 10.1, cet outil permet de retracer la carrière d'un individu. Les lignes représentent les fonctions dans lesquelles vous avez travaillé et les colonnes représentent le type de situations que vous avez rencontrées.

Tableau 10.1 : La grille de développement

	Start-up	Redressement	Redéfinition	Pérennisation
Marketing				
Ventes				
Finance				
Ressources humaines				
Opérations				
R&D				
Gestion de l'information				
Autres				

Représentez toutes les positions de management que vous avez occupées, ainsi que tous les grands projets ou les missions spéciales sur lesquels vous avez travaillé. Par exemple, si vous avez exercé votre premier poste de manager dans le domaine du marketing dans une organisation (ou une unité) confrontée à un redressement, inscrivez un 1 entouré d'un cercle (votre premier poste de manager) dans la case correspondante du tableau. Si vous avez ensuite travaillé à la fonction commerciale dans une nouvelle unité (ou sur un nouveau projet ou un nouveau produit) – situation de start-up – inscrivez un 2 entouré d'un cercle dans la case correspondante. Si vous faisiez au même moment partie d'un groupe de réflexion travaillant sur les aspects opérationnels de la start-up, inscrivez un 2 positionné dans un triangle (qui désigne une mission projet) dans la case correspondante.

Enregistrez ainsi tous vos postes de manager, puis reliez les points pour mettre en lumière votre parcours professionnel. Certaines cases sont-elles vides ? Quelles en sont les implications quant à votre capacité à occuper des fonctions de dirigeant ? Vos éventuels « points aveugles » ?

Comme nous l'avons vu plus haut, préparer les individus à gérer différents types de situations d'entreprise constitue une quatrième dimension du développement du leadership qui vient compléter les analyses de l'étendue de l'expertise fonctionnelle, de l'étendue de l'expérience internationale et des passages clés entre les différents niveaux de l'organisation.

Accélérer l'intégration après une fusion

Le modèle d'accélération de la transition a également été utilisé avec succès pour favoriser l'intégration à la suite d'une fusion, contexte dans lequel un grand nombre de personnes vivent en même temps une transition. Son impact, toutefois, va au-delà de l'accompagnement des managers dans la prise de leurs nouvelles fonctions. Lorsque deux organisations entrent en conflit, c'est parce que leurs collaborateurs ne se comprennent pas : les deux populations ne parlent pas le même langage. Les conflits culturels sont souvent affaire autant de langage que de valeurs. Les incompréhensions engendrent le conflit, qui entrave le processus d'intégration. Le modèle d'accélération de la transition est un nouveau langage que les deux organisations peuvent apprendre ensemble.

Utiliser des outils d'accompagnement

Enfin, vous pouvez envisager d'utiliser l'outil électronique d'accompagnement des leaders proposé par Harvard Business School Publishing, « Les transitions de leadership » (voir le site : wwww.harvardbusinessonline.com), pour vous aider à déployer le modèle d'accélération de la transition dans votre organisation. Vous pouvez mettre cet outil à la disposition de tous les membres de votre organisation, où qu'ils soient, grâce à Internet. Vous y trouverez des diagnostics et des outils que les nouveaux managers peuvent utiliser en temps réel pour accélérer leur transition. Il ne s'agit pas d'un cours mais d'une ressource flexible d'accompagnement à laquelle les nouveaux responsables peuvent se référer quand ils en ont besoin. Vous pourrez ainsi avoir recours à un panachage de méthodes pour déployer efficacement le modèle à tous les niveaux de l'organisation. Une configuration classique consiste à commencer par organiser une conférence (une demi-journée maximum) de présentation du modèle d'accélération de la transition et de l'outil d'accompagnement en ligne.

POUR ACCÉLERER LA TRANSITION

1. De quels collaborateurs souhaitez-vous accélérer la transition en priorité ? Comment pourriez-vous engager la dynamique ?
2. Un processus structuré d'intégration des nouveaux managers vous aiderait-il à accélérer votre transition et celle de votre nouvelle équipe ?
3. Que pouvez-vous faire pour accompagner efficacement la prise de fonctions des collaborateurs qui viennent de l'extérieur ?
4. L'accélération des transitions devrait-elle faire partie du programme de développement des managers à haut potentiel de votre organisation ? Comment les différents types de contextes d'entreprise pourraient-ils être intégrés à la planification des successions ?
5. Le modèle d'accélération de la transition pourrait-il favoriser le processus d'intégration à la suite d'une fusion ?
6. Pouvez-vous démultiplier les bénéfices du modèle d'accélération de la transition en adoptant un outil d'accompagnement en ligne ?

Conclusion

LA FIN DE LA « DÉBROUILLE »

L'objectif de ce livre est de vous conduire – et votre organisation avec vous – au-delà de l'approche « débrouillez-vous » de la gestion des transitions. Si vous appliquez de manière systématique les stratégies décrites dans les dix chapitres, vous décuplerez votre capacité à intégrer de nouveaux postes et à atteindre le seuil de rentabilité. Les personnes qui travaillent avec vous ne s'en porteront que mieux elles aussi si vous les aidez à être plus méthodiques dans la façon dont elles gèrent leur transition. Et plus vite elles prendront leurs marques, plus elles vous aideront à atteindre vos objectifs.

Si j'ai souhaité mettre ici en lumière les dix défis clés de la transition et proposer des techniques pour en triompher, c'est avec la volonté de vous sensibiliser à l'importance du contexte dans lequel s'inscrit la transition et de vous apporter de nouveaux outils. Après avoir longuement porté notre attention sur les arbres, il n'est que naturel, à l'heure de conclure, de prendre un peu de recul pour nous intéresser à la forêt dans son ensemble. Au début de ce livre, j'ai exposé cinq propositions fondamentales concernant la gestion des transitions. En forme de conclusion, examinons-les à nouveau, avec un regard neuf.

Première proposition : les causes premières de l'échec d'une transition résident toujours dans une interaction pernicieuse entre la situation, avec ses opportunités et ses pièges, et l'individu, avec ses forces et ses faiblesses.

Votre réussite ou votre échec dépendent pour une très large part de votre capacité à diagnostiquer la situation dont vous héritez, à en identifier les défis et les opportunités et à concevoir des plans d'action prometteurs. Si vous ne comprenez pas les exigences de la situation, au mieux vous obtiendrez des résultats médiocres, au pire vous échouerez purement et simplement. Un diagnostic pointu de la situation, couplé avec la connaissance de vos propres forces et faiblesses, vous aidera à repérer vos vulnérabilités, ce qui vous permettra d'agir pour les corriger.

Deuxième proposition : il existe des méthodes que les managers peuvent utiliser pour limiter le risque d'échec et pour atteindre plus rapidement le seuil de rentabilité.

Prendre des fonctions de PDG ou devenir manager d'une petite équipe : la différence réside davantage dans l'ampleur de la transition que dans la transition en tant que telle. Naturellement, les dirigeants doivent affronter des problématiques (l'alignement de l'organisation, la construction d'une équipe de direction et la gestion des parties prenantes externes, par exemple) qui ne relèvent pas du champ d'action du commun des managers. Mais la plupart des impératifs de base – assumer son nouveau poste, adapter sa stratégie au contexte, accélérer son apprentissage, s'assurer des victoires précoces, créer des coalitions – sont valables à tous les niveaux, tout comme le sont les outils fondamentaux et la démarche de planification. Dans toute transition, le premier impératif est de trouver des moyens de créer de la valeur plus rapidement et d'atteindre ainsi plus rapidement le seuil de rentabilité. Quel que soit votre niveau dans l'organisation, l'élaboration d'un plan des 90 jours vous sera immensément profitable.

Troisième proposition : en situation de transition, l'objectif primordial est d'enclencher une dynamique en créant des cercles vertueux qui établissent la crédibilité du manager et en se gardant des cercles vicieux qui pourraient la mettre à mal.

Le leadership est, en dernière analyse, une affaire d'influence. Les managers efficaces se servent d'eux-mêmes – de leurs idées, de leur énergie, de leurs relations et de leur pouvoir d'influence – pour créer de nouveaux schémas dans les organisations. Un individu seul ne peut accomplir grand-chose – et cela vaut pour le manager. Pour capitaliser sur soi-même, encore faut-il que les autres nous jugent crédibles et que nous ayons fait la preuve de notre efficacité. C'est ainsi que de petites victoires génèrent du capital social qui peut être investi pour obtenir davantage. Le but sous-jacent des stratégies présentées dans ce livre – obtenir des victoires rapides, créer des coalitions ou constituer une équipe – est d'aider les nouveaux managers à créer une dynamique positive et, ce faisant, d'augmenter leur influence.

Quatrième proposition : les transitions sont des expériences très formatrices pour les managers et doivent être gérées en conséquence.

J'espère que ce livre vous a convaincu que l'approche darwinienne du développement du leadership n'aboutit qu'à un gaspillage de temps, d'énergie et de talents. Vous devez certes utiliser les transitions de vos nouveaux managers à des postes exigeants pour les « challenger ». Mais ne les abandonnez pas à leur sort en vous disant que les meilleurs survivront. Enseignez-leur les compétences d'accélération de la transition dont ils ont besoin s'ils veulent avoir toutes leurs chances. En mettant tout le monde sur un pied d'égalité, vous n'en discernerez que plus aisément ceux dont les capacités sortent réellement du lot.

Cinquième proposition : l'adoption d'un cadre standard pour piloter le processus de transition peut être source de bénéfices importants pour l'organisation.

Déterminez combien de collaborateurs prennent chaque année de nouvelles fonctions de management dans votre organisation. Ensuite, évaluez le nombre de personnes touchées par la transition de chaque manager. À combien estimeriez-vous le coût annuel net des transitions dans votre entreprise ? Que représenterait une réduction de 5 % seulement de ce coût ? Maintenir les collaborateurs plus longtemps au même poste, aussi séduisante l'idée soit-elle, n'est pas une solution. Les bons collaborateurs s'ennuient au bout de quelques années et aspirent à de nouveaux défis. La meilleure voie à suivre est d'aider tout le monde dans votre organisation à accélérer chaque transition.

Si vous êtes un manager expérimenté, vous utilisez très certainement déjà certaines des techniques ou stratégies rencontrées au fil des pages de ce livre. Vous vous êtes peut-être dit : « Ah ! Ah ! C'est exactement ce que j'ai fait ! » Mais n'oubliez pas pour autant que ce qui a fonctionné hier ne donnera pas forcément de bons résultats demain. Gardez-vous de croire en une recette universelle.

Si vous débutez votre carrière de manager, il vous reste encore beaucoup à apprendre. La bonne nouvelle, c'est que vous n'avez sans doute pas encore pris trop de mauvaises habitudes ! Il ne tient qu'à vous de partir tout de suite du bon pied… et de perfectionner vos compétences au fil des nombreuses transitions que vous vivrez à l'avenir.

Notes

Introduction

1. Parmi les excellentes exceptions à la règle : John J. Gabarro, *The Dynamics of Taking Charge* (Harvard Business School Press, 1987) et Linda A. Hill, *Becoming a Manager : How New Managers Master the Challenges of Leadership* (Harvard Business School Press, 2000).

2. Sondage conduit auprès des participants du YPO President's Seminar 2003 et du WPO / CEO Seminar 2003, Harvard Business School.

3. Pour une excellente étude des défis associés au passage d'un poste technique à un premier poste de manager, voir L. Hill, *Becoming a Manager*.

4. Helen Handfield-Jones, « How Executive Grow », *McKinsey Quarterly* 1 (2000).

5. Il s'agit d'une extrapolation des résultats d'un sondage sur la transition que j'ai conduit en 1999 auprès de directeurs des ressources humaines de sociétés du classement *Fortune 500*. Le sondage a été envoyé à un échantillon de 100 responsables des ressources humaines choisis au hasard. Nous avons reçu 40 réponses. Une question portait sur le pourcentage de managers

de tous niveaux ayant pris de nouvelles fonctions en 1998. La moyenne des réponses à cette question était de 22,3 %. Les projections sur les 500 sociétés du classement *Fortune* suggèrent que près de 700 000 managers changent chaque année de poste. Le chiffre d'un demi-million est par conséquent une estimation prudente dont le seul objectif est de donner une idée de l'ampleur de l'impact des transitions.

6. Résultats d'un sondage sur les transitions conduit en 1999 auprès d'un échantillon de 100 responsables des ressources humaines travaillant dans des sociétés du classement *Fortune 500* (voir note ci-dessus).
7. Voir note 2.
8. Résultats d'une étude conduite par le Center for Creative Leadership, telle que rapportée dans le magazine *Fortune*. Voir Anne Fisher, « Don't Blow Your New Job », *Fortune*, 22 juin 1998. Brad Smart estime le taux d'échec des recrutements à 50 %. Voir Brad Smart, *Topgrading : How Leading Companies Win by Hiring, Coaching and Keeping the Best People* (Prentice Hall, 1999).
9. Cette estimation est tirée de Brad Smart, *Topgrading*. Consultant en ressources humaines réputé, Brad Smart a conduit une étude dont les résultats indiquent que le coût de l'échec d'un recrutement est de l'ordre de vingt-quatre fois la rémunération de base, celle-ci étant estimée à 114 000 dollars.
10. Voir note 2.
11. Pour une discussion sur les passages clés de la vie des managers, voir Ram Charan, Stephen Drotter et James Noel, *The Leadership Pipeline : How to Build the Leadership-Powered Company* (Jossey-Bass, 2001).

Chapitre 1

1. L'histoire de Doug Ivester est racontée dans M. Watkins, C. Knoop et C. Reavis, *The Coca-Cola Co. (A) : The Rise and Fall of M. Douglas Ivester*, cas 9-800-355 (Harvard Business School, 2000).
2. C. Mitchell, « Challenges Await Coca-Cola's New Leader », *Atlanta Journal and Constitution*, 27 octobre 1997.

3. P. Sellars, « Where Coke Goes from Here », *Fortune*, 13 octobre 1997.

4. « Clusmy Handling of Many Problems Cost Ivester Coca-Cola's Board Favor », *Wall Street Journal*, 17 décembre 1999.

5. Chris Argyris, « Teaching Smart People How to Learn », *Harvard Business Review*, mai-juin 1991.

6. Voir Ronald Heifetz, *Leadership Without Easy Answers* (Belknap Press, 1994).

Chapitre 2

1. Pour une réflexion sur la culture d'entreprise et l'influence des managers, voir Edgar Schein, *Organizational Culture and Leadership* (Jossey-Bass, 1992).

2. Geri Augusto, présentations non publiées pour des programmes de formation des dirigeants, Kennedy School of Government et Harvard Business School.

Chapitre 3

1. Voir Ram Charan, Stephen Drotter et James Noel, *The Leadership Pipeline : How to Build the Leadership-Powered Company* (Jossey-Bass, 2001).

Chapitre 4

1. Voir Dan Ciampa et Michael Watkins, « Securing Early Wins », in *Right from the Start : Taking Charge in a New Leadership Role* (Harvard Business School Press, 1999).

2. Voir John Gabarro, *The Dynamics of Taking Charge* (Harvard Business School Press, 1987). Une merveilleuse étude des transitions de dirigeants.

3. Voir Michael Watkins et Max Bazerman, « Predictable Surprises : The Disasters You Should Have Seen Coming », *Harvard Business Review*, mars 2003.

4. Nous devons cette très utile distinction à ma collègue Amy Edmondson.

Chapitre 6

1. Il s'agit d'une adaptation du modèle d'analyse organisationnelle dit des « 7 S » développé par McKinsey. Voir R.H. Waterman, T.J. Peters et J.R. Philips, « Structure Is Not Organization », *Business Horizons*, 1980. Pour une présentation, voir « Organizational Alignment : the 7 S Model », cas 9-497-045 (Harvard Business School, 1996). Les 7 S : stratégie, structure, systèmes, collaborateurs, compétences, style et valeurs.

2. L'analyse SWOT a été développée à la fin des années 1960 par Edmund P. Learned, C. Roland Christiansen, Kenneth Andrew et William D. Guth, dans *Business Policy : Text and Cases* (Irwin, 1969).

3. Voir Michael C. Jensen, *Foundations of Organizational Strategy* (Harvard University Press, 1998).

4. Bâtir des organisations « ambidextres » qui sachent bien faire les deux est un défi de taille. Voir Michael I. Tushman et Charles O'Reilly III, *Winning Through Innovation : A Practical Guide to Leading Organizational Change and Renewal* (Harvard Business School Press, 2002).

Chapitre 7

1. Nos travaux ont porté sur la façon dont les leaders d'équipes dirigeantes pourraient gérer plus efficacement la prise de décision. Les premiers fruits de cette collaboration sont réunis dans A. Edmondson, M. Roberto et M. Watkins, « A Dynamic Model of Top Management Effectiveness : Managing Unstructured Task Teams », *Leadership Quarterly* 14 (printemps 2003).

2. Pour une réflexion sur l'importance de l'équité du processus, voir W. Chan Kim et Renée A. Mauborgne, « Fair Process : Managing in the Knowledge Economy », *Harvard Business Review*, juillet-août 1997.

Chapitre 8

1. Voir D. Krackhardt et J.R. Hanson, « Informal Networks : The Company Behind the Chart », *Harvard Business Review*, juillet-août 1993.

2. On doit ce terme à David Lax et Jim Sebenius. Voir David Lax et James Sebenius, « Thinking Coalitionnaly », *in* H. Peyton Young (sous la direction de), *Negotiation Analysis*, (University of Michigan Press, 1991) et James Sebenius, « Sequencing to Build Coalitions : With Whom Should I Talk First ? », *in* Richard Zeckhauser, Ralph Keeney et James Sebenius (sous la direction de), *Wise Choices : Decisions, Games and Negotiations*, (Harvard Business School Press, 1996).

Chapitre 9

1. Voir Ronald Heifetz, *Leadership Without Easy Answers* (Belknap Press, 1994).
2. Voir Max Bazerman, *Judgment in Managerial Decision Making* (Wiley, 2001).
3. Voir Heifetz, *Leadership Without Easy Answers, op. cit.*
4. Développé à l'origine comme modèle de l'anxiété. Voir R.M. Yerkes et J.D. Dodson, « The Relation of Strength of Stimulus to Rapidity of Habit Formation », *Journal of Comparative Neurology and Psychology* 18. Naturellement, ce modèle a ses limites et vaut surtout comme métaphore. Sur les limites du modèle, voir « How Useful Is the Human Function Curve ? », sur le site http ://www.trance.dircon.co.uk/curve.html
5. Sur l'utilité du « petit tour dans le jardin » dans le contexte d'une négociation, voir le Chapitre 1 de William Ury, *Getting Past No : Negotiating Your Way from Confrontation to Cooperation* (Bantam Doubleday, 1993).
6. W. Chan Kim et Renée A. Mauborgne, « Fair Process : Managing in the Knowledge Economy », *Harvard Business Review*, juillet-août 1997.

Chapitre 10

1. Helen Handfield-Jones, « How Executives Grow », *McKinsey Quarterly* 1 (2000).

REMERCIEMENTS

Je dédie ce livre au coauteur de *Right from the Start*, Dan Ciampa. C'est Dan qui m'a conduit à m'intéresser aux transitions. Notre premier livre et les fondements conceptuels sur lesquels repose ce nouvel opus lui doivent beaucoup. Sa connaissance et sa compréhension des défis auxquels sont confrontés les managers lorsqu'ils prennent de nouvelles fonctions de direction continuent d'enrichir ma réflexion. Professionnel de grand talent, Dan est aussi un ami précieux.

Les 90 jours pour réussir sont également le prolongement de mon travail avec Johnson & Johnson. Inaki Bastarrika, alors membre du département Management Education and Development (MED) de J&J, m'a convaincu de travailler avec cette entreprise passionnante en 1999, juste après la publication de *Right from the Start*. Ron Bossert, un des directeurs du MED, a été un artisan majeur de la création du Transition Leadership Forum de J&J et du Business Leaders Program destiné aux managers de la nouvelle division de l'entreprise. Ron m'a également permis de rencontrer des dirigeants dont le soutien a été déterminant : Sharon d'Agostino, Bill Dearstyne, Mike Dormer, Colleen Goggins, Jim Lenahan, Dennis Longstreet, Bill McComb, Pat Mutchler, Christine Poon, Peter Tattle et Bill Weldon. Merci aussi aux managers à haut potentiel de J&J, qui ont participé avec enthousiasme aux programmes que j'y ai mis en place.

Ce livre se veut un complément de l'outil d'accompagnement en ligne « Leadership Transitions » que j'ai développé en partenariat avec Harvard Business School Publishing (HBSP). La création de cet outil Internet destiné aux nouveaux responsables m'a incontestablement aidé à affiner ma réflexion sur les enjeux de la prise de poste. Sincères remerciements au groupe e-learning d'HBSP, et plus particulièrement à Michelle Barton, Sarah Cumins, Ian Fanton et Trisytn Patrick : travailler ensemble sur ce projet fut un plaisir.

Le département de recherches de la Harvard Business School a financé les travaux qui ont été à l'origine de ce livre. Merci à Teresa

Amabile et Kathleen McGinn, directrices de recherches, pour leur soutien et leur aide. Ce livre et l'ensemble de mes travaux doivent beaucoup aux encouragements de l'équipe Negotiation, Organizations and Markets de HBS, en particulier George Baker, Max Bazerman, Nancy Beaulieu, Mal Salter, Jim Sebenius et Michael Wheeler. Merci également à John Gabarro et Linda Hill, collègues dont les idées ont influencé mes recherches sur les transitions.

Enfin, mes remerciements vont à mon assistante, Mary Alice Wood, à mon assistante de recherches, Usha Thakras, et à ma correctrice, Ann Goodsell, pour avoir su donner vie et forme à ce livre.

POUR ALLER PLUS LOIN

Stratégie

Brandenberger, Adam, et Nalebuff, Barry, *Co-opetition*, Doubleday, 1996.

Ghemawat, Pankaj, *Strategy and the Business Landscape*, Addison-Wesley, 1999.

Porter, Michael, *On Competition*, Harvard Business School Press, 1998.

Watkins, Michael, Edwards, Mickey, et Thakrar, Usha, *Winning the Influence Game : What every Business Leader Should Know about Government*, Wiley, 2001.

Organisation

Kaplan, Robert S., et Norton, David, *The Strategy-Focused Organization : How Balanced Scorecard Companies Thrive in the New Business Environment*, Harvard Business Schol Press, 2001.

Nadler, David, et Tushman, Michael L., *Competing by Design : the Power of Organizational Architecture*, Oxford University Press, 1997.

Gestion du changement

Kotter, John P., *Leading Change*, Harvard Business School Press, 1996.

Schein, Edgar, *Organizational Culture and Leadership*, Jossey-Bass, 1992.

Tushman, Michael, et O'Reilly III, Charles, *Winning Through Innovation : A Practical Guide to Leading Organizational Change and Renewal*, Harvard Business School Press, 2002.

Négociation et persuasion

Cialdini, Robert, *The Psychology of Persuasion*, Morrow, 1993.

Stone, Douglas, Patton, Bruce, et Heen, Sheila, *Difficult Conversations : How to Discuss What Matters Most*, Viking, 1999.

Ury, William, *Getting Past No : Negotiating Your Way from Confrontation to Cooperation*, Bantam Doubleday, 1993.

Watkins, Michael, *Breakthrough Business Negotiation : A Toolbox for Managers*, Jossey-Bass, 2002.

Leadership et team-building

Bazerman, Max, *Judgment in Managerial Decision Making*, Wiley, 2002.

Heifetz, Ronald, et Linski, Mary, *Leadership in the Line : Staying Alive Through the Dangers of Leading*, Harvard Business School Press, 2002.

Hill, Linda, *Becoming a Manager : How New Managers Master the Challenges of Leadership*, Harvard Business School Press, 2003.

Katzenbach, Jon, et Smith, Douglas, *The Wisdom of Teams : Creating the High-Performance Organization*, Harvard Business School Press, 1993.

INDEX

louisjean
IMPRIMEUR

59, Av. Émile Didier
05003 Gap Cedex
Tél. 04 92 53 17 00
Dépôt légal : 277
Mai 2006
Imprimé en France